Drôle de
planète

Catalogage avant publication de Bibliothèque et Archives Canada

Sperandio, Éric Pier
    Drôle de planète
    (Collection Loisirs)
    ISBN 2-7640-0980-1
      1. Presse – Humour. 2. Anecdotes. 3. Bêtise – Miscellanées. I. Titre.
II. Collection: Collection Loisirs (Éditions Quebecor).

PN4838.S63 2005   070.4'44   C2005-940981-9

LES ÉDITIONS QUEBECOR
Une division de Éditions Quebecor Média inc.
7, chemin Bates
Outremont (Québec)
H2V 4V7
Tél.: (514) 270-1746
www.quebecoreditions.com

©2005, Les Éditions Quebecor
Bibliothèque et Archives Canada

Éditeur: Jacques Simard
Conception de la couverture: Bernard Langlois
Illustration de la couverture: PhotoDisc
Correction d'épreuves: Jocelyne Cormier
Conception graphique: Jocelyn Malette
Infographie: Claude Bergeron

Nous reconnaissons l'aide financière du gouvernement du Canada par l'entremise du Programme d'Aide au Développement de l'Industrie de l'Édition pour nos activités d'édition.

Gouvernement du Québec – Programme de crédit d'impôt pour l'édition de livres – Gestion SODEC.

Imprimé au Canada

Drôle de planète

ÉRIC PIER SPERANDIO

LES ÉDITIONS
Quebecor
QUEBECOR MEDIA

À Yves Dazé, mon vieil ami.

«Dix-sept pompiers volontaires de Keyes, une ville californienne de 4 500 habitants, ont démissionné récemment
pour protester contre la carrière pornographique d'une de
leurs collègues, Alexa Jones. Celle-ci avait évoqué ses activités lors d'une discussion à la caserne en présence de son
mari, le chef adjoint des pompiers, qui la soutient. "Je ne
crois pas que le service public soit très compatible avec
ce genre d'activité", a déclaré le capitaine Herb Collier, un
des 17 démissionnaires. Alexa Jones a créé un site Internet
qui fait la promotion de ses photos et de ses films X –
tournés sous un pseudonyme – sans mentionner son travail de pompier. "Si ces pompiers n'en avaient pas parlé,
personne ne l'aurait probablement jamais su", a précisé
son époux, ajoutant : "Et, après tout, c'est notre vie privée."
Aujourd'hui, il ne reste plus que huit pompiers à Keyes,
mais les villes voisines ont promis d'apporter leur aide en
cas d'urgence.»

Introduction

La vie est triste, croyez-vous? Les nouvelles des quotidiens, les reportages des magazines, les bulletins d'information vous dépriment avec leurs nouvelles sombres et sinistres? Mais la vie – et son actualité – ne sont pas que des photos catastrophe à la une des journaux ou des manchettes tonitruantes de début des bulletins de nouvelles. Certes, si vous ne faites que parcourir les grands titres ou n'écoutez que les nouvelles présentées sur un ton grave, vous risquez de ne connaître que celles-là. Mais l'actualité est aussi, et je dirais même surtout, constituée de faits divers, vous savez, le genre «d'aventure» qui arrive à votre beau-frère ou à votre voisin – et vous arrive aussi parfois à vous – et qui fait sourire votre entourage lorsque vous la racontez. Ça peut être un incident cocasse, mais ça peut aussi être plus dramatique; ce sont en fait les circonstances dans lesquelles cet événement s'est déroulé qui nous dérident.

Bien sûr, ces petits faits divers n'occupent pas les pages frontispices des journaux. Plus souvent qu'autrement, on les retrouve en tout petits caractères, coincés entre deux annonces: facile de ne pas les voir! Mais moi, je les aime bien ces petites scènes de la vie quotidienne, et c'est pourquoi, depuis longtemps, lorsque je parcours les quotidiens du matin ou les nombreux magazines que je reçois, je découpe ces entrefilets et j'en ai, en quelque sorte, fait un florilège. C'est celui-là que je vous présente aujourd'hui.

Vous verrez, la vie n'est pas triste... que non!

Mais ce n'est pas tout ce que vous trouverez dans ces pages. Vous trouverez par exemple quelques bêtisiers, ces recueils plaisants de... bêtises. Le genre de réponses ou de remarques souvent lancées sous le coup de l'emportement, de la joie ou de la colère, comme cet homme qui adresse une lettre à son assureur, lui disant : « J'ai lu dans mon contrat auto que vous ne me remboursez pas les frais de réparations de ma voiture si j'ai causé un accident en état d'ivresse. Je suis prêt à payer ce qu'il faudra pour que vous supprimiez ce paragraphe. »

J'ai donc colligé de ces petites phrases pour vous les offrir. Certaines émanent de rapports tout ce qu'il y a de plus officiel, alors que d'autres m'ont été racontées. Elles proviennent de l'école, du milieu de l'assurance, du milieu hospitalier ou de celui de l'aviation (vous hésiterez peut-être ensuite à prendre l'avion!).

Saviez-vous que les Canadiens mangent plus de Kraft Dinner *per capita* que n'importe quelle autre population du monde? Ou que 27 % des femmes qui gagnent à la loterie dissimulent leur billet gagnant dans leur soutien-gorge? Ou encore qu'une loi de l'État de l'Alabama, toujours en vigueur, interdit de porter une fausse moustache qui puisse provoquer les rires à l'église? Avouez que ce n'est pas triste! Et il y en a une foule d'autres comme ça : des faits cocasses, des informations étonnantes, des détails révélateurs glanés au milieu d'un article « sérieux ». Tout cela m'a étonné, et c'est pourquoi je les ai relevés. Vous aussi serez étonné, et vous sourirez encore!

Si toutes les nouvelles de ces différentes rubriques sont absolument vraies, il en va tout autrement de la dernière catégorie que je vous offre. Elle porte d'ailleurs le titre de « Légendes urbaines : vraies fausses nouvelles ». « Vraies » parce qu'elles circulent effectivement, parfois de bouche à oreille, mais parfois aussi – et de plus en plus souvent maintenant – sur Internet; «vraies», aussi, parce qu'elles sont présentées comme telles à des gens, dans des lieux précis. Les événements seraient arrivés à l'ami d'un ami, qui tient l'histoire de... «Fausses» parce que ces nouvelles ne reposent sur aucun fait vérifié, parce que jamais personne, même si des noms sont parfois cités, ne réussit à présenter cette fameuse personne à laquelle ce serait arrivé. Bien entendu, il n'existe aucun constat de police ou rapport d'assurance qui prouverait l'événement.

Attention donc à ces «rumeurs» qui veulent que le resto chinois de votre quartier vous serve les chiens errants qu'il a capturés et apprêtés...

Tout cela vous amènera sûrement à vous exclamer: «Drôle de planète!»

Actualité insolite

Sérieux, l'actualité ? Pas toujours, peu s'en faut.
À preuve, ces événements qui se
sont réellement déroulés.

De la fumée sans feu !

En signe de protestation contre les lois antitabac, un dénommé Luciano Stella, propriétaire d'un cinéma romain, a offert l'entrée gratuite pour aller voir le film *Nicotina*, d'Hugo Rodriguez, à toute personne qui présentait ses cigarettes à l'entrée du cinéma. L'homme d'affaires est cependant resté homme d'affaires car, malgré ses convictions, il a interdit de fumer à l'intérieur de la salle pour ne pas avoir à payer les amendes. C'est ce qu'on peut appeler de la fumée sans feu !

On ne l'oubliera pas

Un quotidien de Bucarest, en Roumanie, rapporte qu'un homme et une femme, Cornelia et Nonu Dragoman, deux habitants de la Transylvanie qui se sont rencontrés sur Internet, où ils se sont fréquentés pendant trois mois avant d'unir leurs destinées et d'avoir un enfant, ont décidé de prénommer celui-ci Yahoo, sans le point d'exclamation toutefois, en l'honneur du célèbre moteur de recherche, lieu de leur rencontre. N'allez toutefois pas croire que ce couple a l'exclusivité de l'excentricité dans le domaine des prénoms, puisque l'État civil québécois a reçu des demandes pour prénommer des enfants Gandalf, Bilbo, Frodon, Anakin, Saku et même – attention ! – Rona. Espérons au moins que celui-là sera un peu bricoleur !

Les nouveaux "cinq à sept"

La société immobilière suédoise Tunabyggen, à Borlaenge, une petite ville située à 220 kilomètres au nord-ouest de Stockholm, a tranché après avoir reçu la plainte de voisins d'un couple amoureux, qui se plaignaient des ébats sonores de ce dernier durant l'après-midi. L'entreprise, qui gère l'ensemble des appartements d'un immeuble, a fait valoir que les relations sexuelles faisaient partie intégrante d'une vie de famille normale et qu'elles ne constituaient pas un motif d'expulsion, ce qui n'est en fait qu'un simple rappel de la législation suédoise. En vertu de la loi sur le logement, les voisins ne doivent effectivement pas être dérangés par des bruits excessifs, que ce soit de la musique, la télévision ou des ébats amoureux nocturnes, mais ce texte garantit également aux locataires le droit d'avoir une vie familiale normale. La directrice de marketing de Tunabyggen, Lena Lundberg, a souligné que la plainte déposée à propos des ébats amoureux s'apparentait à celle relative à des pleurs d'enfant qui pourraient gêner le voisinage. Les nuisances sonores n'étant pas nocturnes, la société n'a pas donné suite à cette plainte. Un nouveau genre de «cinq à sept» qui a sûrement de beaux jours devant lui...

Audacieux mais pas futé

Un Tchèque s'est caché dans les toilettes d'un restaurant jusqu'au départ du personnel pour boire jusqu'à plus soif directement à la fontaine de bière, ce qui lui a valu un procès. C'est le personnel de nettoyage qui l'a trouvé soûl, allongé sur le sol du bar, à Brno, à environ 200 kilomètres à l'est de Prague. «Il a cassé le volet du mécanisme de refroidissement [...] et a détaché les tuyaux reliés à la fontaine, les a mis dans sa bouche et s'est littéralement gavé de bière», explique le porte-parole de la police. L'homme a été poursuivi pour dégradation de biens ainsi que pour les dégâts causés à la machine de bière, évalués à 8 000 couronnes (400 dollars). On ne dit pas s'il a trouvé de l'aspirine sur place...

WD antidrogue

La police britannique a trouvé une nouvelle utilité au lubrifiant multi-usages WD-40, qui pourra venir s'ajouter à la liste des 2 000 utilisations recensées par le fabricant de ce produit : empêcher les consommateurs de cocaïne de «sniffer» dans les toilettes des restaurants et des bars. La police de la ville anglaise de Bristol a ainsi annoncé qu'elle avait conseillé à tous les tenanciers de bars et de boîtes de nuit de pulvériser le lubrifiant incolore sur les sièges de toilettes, les rebords de lavabos et toute autre surface lisse dans les toilettes que les consommateurs utilisent habituellement pour étaler leur poudre. «Une réaction chimique se produit ; au contact de ce lubrifiant, la cocaïne se durcit et devient inutilisable», a expliqué un porte-parole des forces de l'ordre. «C'est une façon très simple et peu onéreuse de réduire considérablement l'usage de drogue dans les lieux publics.»

Blanche-Neige est un homme !

Le ballet d'État du Tadjikistan a demandé à l'un de ses danseurs hommes de tenir le rôle-titre de Blanche-Neige, faute de ballerine pour interpréter le personnage. Alexander Bakhman n'a (heureusement !) pas eu à porter un tutu pour incarner l'héroïne ; néanmoins, il a dû apprendre les difficiles pas de pointe d'une danseuse. «Le rôle de Blanche-Neige est très dur, et aucune de nos ballerines ne pouvait le maîtriser», a expliqué un membre de la troupe. Ça, c'est vraiment l'égalité des sexes !

Un resto pour anorexiques et boulimiques

Restauration

Aux fourneaux malgré des tendances anorexiques, voilà le quotidien de Claudia, chef de cuisine d'un nouveau et unique restaurant berlinois spécialement conçu pour ceux – et surtout celles – qui souffrent d'anorexie ou de boulimie. Sa patronne, Katja Eichbaum, revient de loin. Son appétit s'est déréglé à l'adolescence, quand ses parents se séparaient; elle perdait parfois jusqu'à dix kilos, puis les reprenait en un rien de temps, ce qui l'a conduite à être hospitalisée pendant trois mois en 2003. Une longue thérapie a, depuis, porté ses premiers fruits. Les deux femmes, Katja et Claudia, ont commencé à s'en sortir et, pour tenter d'en faire profiter les autres, elles ont ouvert le premier restaurant d'Allemagne – et vraisemblablement du monde – où anorexiques et boulimiques peuvent aller sans avoir honte. Pour que les clientes ne se sentent pas stigmatisées, rien à l'entrée ou sur le menu n'indique que le Sehnsucht (Nostalgie) est un établissement spécialisé. Il est d'ailleurs ouvert à tous, ce qui permet de réaliser un chiffre d'affaires jugé encourageant pour un début. La cuisine? «Tout à fait normale. Ni pas assez ni trop», résume la patronne, qui cherche avant tout à rassurer sa clientèle. Les noms de plats, souvent poétiques, sont là pour inspirer la confiance, mais d'autres petites astuces visent aussi à apprivoiser l'appétit: les petits-déjeuners ne sont pas servis dans une grande assiette, qui pourrait effrayer, mais dans trois petites disposées en étagères. Les boules de glace sont déposées dans de petits bocaux sur un morceau de gazon en plastique qui semble évoquer un après-midi printanier. Enfin, le personnel, dont la plupart des membres ont un appétit normal, a pour consigne de ne pas faire de réflexion, même anodine, si une cliente ne finit pas son assiette. C'est ce qu'on appelle mettre les petits plats dans les grands!

Voici le stylo parlant

Le constructeur américain de jouets éducatifs LeapFrog Enterprises a lancé un nouveau stylo, le Fly Pentop Computer, un stylet informatique capable de prononcer les mots écrits avec sa pointe et de traduire des mots dans des langues étrangères. Le stylo est principalement capable d'interpréter et de prononcer vocalement les mots et les dessins tracés sur un papier spécial. Le fabricant donne l'exemple d'un utilisateur qui dessine une calculatrice, puis appuie sur les touches dessinées pour faire une opération et entendre le résultat de l'opération prononcé par le stylo. LeapFrog a expliqué qu'un groupe d'enfants âgés de 8 à 13 ans avait aidé au développement du produit. La société produit des jouets éducatifs pour enfants, allant des nourrissons jusqu'aux lycéens, mais vise plus particulièrement les jeunes enfants. Elle a déclaré vouloir étendre sa gamme de produits de façon à toucher les plus âgés et développer des aides à l'apprentissage pour adultes. Et les fautes d'orthographe?

Bof, ça vole tout seul!

Le parquet de Milan a infligé des peines de 6 à 19 mois de prison à 36 contrôleurs aériens accusés de s'être absentés pendant leurs heures de travail pour aller faire des courses ou jouer au football. Le procureur Fabio Roia a révélé devant un tribunal que, durant l'enquête qu'il avait menée, seule la moitié des 40 aiguilleurs du ciel de permanence à l'aéroport de Milan-Linate étaient effectivement présents à leur poste de travail. L'enquête a été lancée en 2000 après un incident dû au manque de personnel présent à l'aéroport de Linate. Pendant ces investigations, la police a filmé plusieurs contrôleurs aériens en train de faire leurs courses ou de jouer au football alors qu'ils étaient censés être au travail.

Du gazon sur les toits

La ville de Pékin va aménager des espaces verts sur les toits de ses immeubles afin de lutter contre la pollution tout en se faisant belle pour les Jeux olympiques de 2008. Du gazon pourrait ainsi être planté sur 30 % des gratte-ciel de la ville et 60 % des immeubles moins élevés au cours des trois années à venir. Cette mesure, prise en raison du manque d'espace au sol dans le centre de la capitale chinoise, a notamment pour but d'améliorer la qualité de l'air. Pékin, qui souffre particulièrement de la pollution, a entrepris des travaux gigantesques pour être présentable lors des prochains Jeux d'été.

Le crime paie

Le Vatican est peut-être une ville sainte, mais c'est aussi l'un des rares endroits au monde où le crime paie. C'est du moins le cas des menus larcins. Des chiffres rendus publics récemment indiquaient que 90 % des délits commis au Vatican, la plupart du temps des vols à la tire ou du vandalisme, restent impunis. La plupart de ces délits sont commis parmi les touristes visitant la Basilique et la place Saint-Pierre ou les musées du Vatican.

Que la plupart des voleurs disparaissent en se fondant dans la foule de 18 millions de pèlerins visitant chaque année le Vatican, cité-État de 44 hectares enclavée dans Rome, ne change pas grand-chose aux résultats, puisque bon nombre de ceux qui sont pris ne sont généralement pas poursuivis en raison des complications bureaucratiques touchant les ressortissants étrangers. Qui a dit que le bon Dieu était vengeur?

Pile ou face pour la garde d'un enfant

Un juge italien a tiré à pile ou face avec une pièce de deux euros pour déterminer qui, de la mère ou du père d'un enfant de cinq ans, en aurait la garde pour Noël. Le magistrat a expliqué aux parents qui ne pouvaient s'entendre qu'il n'y avait pas assez de temps pour réunir les membres du tribunal. La mère a été favorisée par le sort et a obtenu la garde de l'enfant. Peu orthodoxe, comme méthode. Soulignons toutefois qu'il est rare que la justice soit aussi expéditive!

Ils sont fous, ces fans!

Une petite quantité d'eau qu'Elvis Presley aurait touchée lors d'un concert en 1977 et qui a depuis été religieusement conservée par un fan a été adjugée sur le site d'enchères en ligne eBay pour 558 dollars. Wade Jones, 40 ans, originaire de Caroline du Nord, affirme s'être procuré un gobelet de plastique utilisé par Presley lors d'un concert au Coliseum de Charlotte, en février 1977, six mois avant la mort du roi du rock and roll. Après le concert, Jones, qui avait 13 ans à l'époque, raconte qu'il est monté sur scène à la recherche d'un souvenir. Un policier lui a donné le gobelet avec lequel il avait vu le King se désaltérer. Jones dit avoir gardé l'objet dans son congélateur jusqu'en 1985, date à laquelle il a transféré l'eau dans une fiole, qu'il a scellée. Il a également acheté des photos d'Elvis tenant le gobelet à ce concert, pour prouver qu'il ne s'agissait pas d'un faux. S'il a vendu son contenu, le quidam refuse par contre fermement de se séparer du gobelet. Ils sont vraiment fous, ces fans!

Quatre nains au lieu de sept...

Voilà le triste constat qu'a fait Blanche-Neige dans un théâtre de Stendal, victime de restrictions budgétaires. Le théâtre Altmark de Stendal a annoncé qu'il ne pouvait payer que six acteurs pour sa représentation de Noël 2004 de *Blanche-Neige et les sept nains*, provoquant la colère des spectateurs. Pour tenter de conserver la magie du conte, le théâtre a toutefois habillé deux marionnettes en nains et les a fixées au fond de la scène. Quatre et deux font six... Le septième, c'est le comédien qui jouait le rôle du prince qui a dû le personnifier. Il n'a toutefois fait qu'une brève apparition sur les planches, le texte déclamé disant qu'il était au travail pendant le reste de la représentation! Avec un peu d'originalité et d'imagination, que n'arrive-t-on pas à faire!

C'est pas moi, c'est mon frère!

Un détenu s'est évadé d'une prison suédoise après avoir échangé ses vêtements avec ceux de son frère jumeau. Les deux frères, âgés de 18 ans, dont l'un venait d'être condamné à 10 mois de détention dans un centre d'éducation surveillée en raison d'un vol avec agression, avaient été laissés seuls un moment dans une cellule d'une prison de Stockholm. Après avoir changé de vêtements, le détenu est sorti tranquillement en prétendant être son frère. Le jumeau demeuré dans la cellule a alors informé les gardiens de la supercherie, qui a été confirmée par la prise de ses empreintes digitales. Arrêté puis relâché quelques heures plus tard, il pourrait faire l'objet de poursuites. La police est toujours à la recherche du «vrai» détenu. C'est dans de telles circonstances que l'expression «C'est pas moi, c'est mon frère» prend toute sa saveur...

Bienvenue chez saint Pierre

Une vue d'enfer, une ambiance paradisiaque, et un café plutôt bon. Saint Pierre a son bar sur le toit de sa basilique qui porte son nom, au Vatican. L'établissement est ouvert depuis plusieurs mois. Pourtant, même certains responsables ou employés du Vatican en ignoraient l'existence jusqu'à ce que la nouvelle fasse la une d'un journal italien. Situé sur la terrasse à la base de la coupole décorée par Michel-Ange, le bar offre une vue imprenable sur la place Saint-Pierre et sur le Tibre. Il est ouvert aux touristes qui ont déjà visité le haut du dôme et qui souhaitent s'arrêter prendre un café ou une boisson fraîche avant de redescendre sur Terre. Beaucoup d'esprit, donc, mais pas de spiritueux: on n'y vend pas de boissons alcoolisées. Le bar n'a pas de nom, mais j'oserais suggérer Les noces de Cana...

Miss Chirurgie esthétique

La Chine a élu sa première reine de beauté artificielle, une jeune femme de 22 ans qui a dédié son discours de remerciements à son chirurgien esthétique. Les 20 concurrentes, âgées de 17 à 62 ans et qui sont toutes passées au bistouri pour améliorer leur apparence, ont disputé la finale à l'opéra de Pékin. La gagnante, Feng Qian, originaire de la ville de Jilin, dans le nord-est du pays, a subi quatre opérations pour ajouter un pli à ses paupières, réduire la graisse de son ventre par liposuccion, resculpter ses joues et modifier ses muscles faciaux par injection de botox. La jeune femme a déclaré espérer que le concours contribuerait à faire tomber les clichés liés à la chirurgie esthétique.

Sa première dauphine, Zhang Shuang, 22 ans également, originaire de Changsha, détient le record du nombre d'interventions, soit pas moins de dix pour ses paupières, son nez, ses oreilles, ses seins, ses mâchoires inférieure et supérieure, ainsi qu'un adoucissement de la peau et une épilation complète. La seconde dauphine, Cheng Lili, de Shanghai, 22 ans, a subi six opérations, dont une modification du nez et une réfection de la poitrine. Les organisateurs ont eu l'idée d'un tel concours après l'éviction d'une concurrente d'un concours de beauté «classique», disqualifiée pour avoir dépensé 110 000 yuans (environ 16 000 dollars) en chirurgie esthétique. Ouais... la beauté n'a vraiment pas de prix.

Un pudding de la reine sur eBay

Un employé de Buckingham Palace a été licencié pour avoir tenté de vendre un pudding, offert par la reine à l'occasion des fêtes de Noël, sur un site Internet d'enchères. Ben Church, 25 ans, administrateur à Buckingham Palace, a été congédié après avoir mis en vente sur eBay ce présent issu du magasin de produits de luxe Fortnum & Mason. Une porte-parole de Buckingham a confirmé qu'un employé avait été sanctionné dans une affaire impliquant un pudding de Noël. «Il s'agit de régie interne, aussi nous nous refusons à tout commentaire», a-t-elle déclaré, précisant cependant que la reine offrait traditionnellement à chaque employé un pudding pour Noël. D'une valeur de 6,25 livres sterling (15 dollars), le pudding avait été mis en vente au prix de 20 livres (50 dollars). Vraiment pas un bon Boxing Day pour cet employé!

Quand la police est superstitieuse

La police colombienne a saisi 292 poupées vaudou mais s'est montrée très réticente quant à l'examen de ces talismans noirs de la taille d'une main, de peur d'être victime de sorcellerie, a expliqué à un journal local Gerson Fajardo, capitaine de la police de l'autoroute. Transporter ou vendre ces poupées n'est pas illégal en Colombie, mais l'officier de police Rolando Silva, présenté par le quotidien *El Tiempo* comme un expert en magie noire, a cependant justifié la saisie de ces talismans dans la province centrale de Quindio en disant que «C'est l'utilisation que l'on peut en faire qui pose problème». La cargaison, sur laquelle il était inscrit «marchandises diverses», contenait aussi 192 paquets présentés comme de la poudre magique et des instructions pour jeter des sorts. Une opération où la police y a été avec des gants, quoi!

Une belle attention pour mamie

Une Britannique de 105 ans, qui fumait depuis l'âge de 15 ans, a été incinérée avec un paquet de cigarettes dans la main et une gerbe en forme de cigarette faite de chrysanthèmes blancs et jaunes dessinée sur son cercueil. Marie Ellis, qui tenait à ses 15 cigarettes par jour, est morte de cause naturelle à la maison de retraite d'Eaton, dans le Kent, dans le sud-est du pays. Ancienne dactylo arrivée quinze ans plus tôt à la maison de retraite, elle était aussi connue pour ses habitudes alimentaires peu saines, mettant souvent du sucre dans sa soupe et en exigeant toujours trois morceaux dans son café. Elle était appréciée tant par les autres pensionnaires que par le personnel, qui a eu cette belle (dernière) attention pour la mamie. L'équipe de la maison de retraite a aussi passé la chanson *Smoke gets in your eyes* aux funérailles d'Ellis et pense installer une stelle en forme de cendrier dans le jardin de la maison de retraite où seront enterrées ses cendres. Prière de ne pas faire parvenir de fleurs, mais des cigarettes!

Une paire de genoux en guise de coussin!

En bonne place au palmarès des cadeaux de Noël 2004 insolites au Japon: le coussin en forme de femme agenouillée, vêtue d'une courte jupe noire ou rouge. Le coussin, qui reproduit la partie inférieure du corps féminin, de la ceinture aux pieds, s'est vendu à 3 000 exemplaires en quelques semaines, à en croire la société Trane Co qui l'a conçu. «Le succès était au rendez-vous, et nous pensons maintenant à un modèle masculin», a déclaré Makoto Igarashi, directeur général de l'entreprise. Le coussin, recommandé pour faire la sieste, lire ou regarder la télévision, coûte 9 429 yens (110 dollars). Un autre gadget qui tue la tendresse!

La pierre tombale de minou valait une fortune

Un bloc de pierre calcaire, utilisé pendant des années comme pierre tombale pour un chat errant nommé Winkle, a été vendu pour plus de 200 000 livres sterling (environ 463 000 dollars) aux enchères chez Sothebys, à Londres. La pierre porte une image gravée de saint Pierre, datant du début du Xe siècle. Selon les prévisions des commissaires-priseurs, elle valait de 40 000 à 60 000 livres, mais un collectionneur privé l'a acquise pour 201 600 livres.

La pierre avait été trouvée dans un terrain vague par un habitant du Somerset, dans le sud-ouest de l'Angleterre, qui l'avait posée dans son jardin pour marquer l'endroit où avait été enterrée Winkle, une chatte errante que sa femme et lui avaient recueillie. L'image de saint Pierre avait plus tard été repérée par le potier et historien local Chris Brewchorne. «La pierre m'avait intrigué, a raconté Brewchorne. Je suis allé frapper à la porte, parler aux propriétaires et je leur ai dit: "Je crois que vous avez gagné le gros lot!"» Au début, j'ai cru que c'était romain, mais j'ai remarqué que la tête du saint de la gravure était tonsurée, ce qui suggère un art saxon. Je crois, sans exagérer, qu'il s'agit de la plus belle gravure du milieu de l'ère saxonne de tout le pays», a-t-il ajouté. Le découvreur de la pierre est mort l'an dernier, mais le fruit de la vente aux enchères ira à sa veuve, qui a demandé de garder l'anonymat. Parions qu'elle adoptera de nouveaux chats!

Hommage à une souris cobaye inconnue

La plupart des pays honorent leurs victimes de guerre. Mais en Chine, ce sont les animaux sacrifiés aux besoins de la science qui ont droit à leur monument. Souris, cochons d'Inde, lapins et singes – et non pas les chercheurs, comme on aurait pu s'y attendre – bénéficient ainsi d'une reconnaissance éternelle de la Chine pour avoir payé de leur vie les essais cliniques, notamment du vaccin contre le SRAS. L'agence Chine nouvelle, qui rapporte cette information, rappelle qu'un monument avait aussi été érigé en septembre dans la province d'Hubei, au centre de la Chine, en mémoire des 38 rhésus sacrifiés au cours d'un autre programme de recherche contre le SRAS. Enfin, le soldat inconnu ne sera plus seul...

Les Allemands préfèrent l'argent au sexe

Société

Les Allemands préfèrent l'argent au sexe, selon un sondage du magazine mensuel *Playboy* paru en décembre 2004. Interrogés sur leur préférence entre gagner plus d'argent l'an prochain, faire l'amour davantage ou avoir plus de journées de congé, 62 % ont répondu préférer gagner plus, 36 %, avoir plus de temps libre, et seulement 6 % choisiraient faire l'amour plus souvent. Et vous, qu'auriez-vous choisi ?

Un abonnement téléphonique à vie pour 999 dollars

Technologie

Pour ceux qui sont très prévoyants, un opérateur téléphonique du Massachusetts a lancé un abonnement à vie au prix de 999 dollars (1225 dollars canadiens). RNK Telecom a annoncé que son offre «Phone for life», qui utilise Internet, sera offerte dans le Massachusetts, l'État de New York, le New Hampshire et le Rhode Island. L'abonnement inclut des communications téléphoniques illimitées aux États-Unis et vers 20 autres pays. Les prix des communications téléphoniques utilisant Internet ont chuté aux États-Unis. Vonage, le numéro un du secteur, propose des communications illimitées pour 25 dollars par mois, tandis que son concurrent SunRocket vend un abonnement annuel illimité à 199 dollars. Pour femmes ?

Des tricheurs… honnêtes !

Technologie

Un trio de joueurs de casino ayant utilisé une technologie au laser pour gagner plus d'un million de livres (2,3 millions de dollars) au Ritz de Londres pourront conserver leurs gains, a annoncé la police. Un Hongrois et deux Serbes se servaient d'un scanner doté d'un laser dissimulé dans un téléphone cellulaire relié à un ordinateur pour évaluer la vitesse de la boule et de la roulette, et donc le nombre ayant le plus chances de l'emporter. Ils parvenaient à réaliser leurs calculs assez rapidement pour faire leurs paris dans le temps imparti, soit avant que la roulette ait effectué trois tours. Le premier soir, ils ont gagné 100 000 livres. Le deuxième, ils sont repartis avec 1,2 million de livres, rapporte le *Sunday Times*. L'article précise que les trois hommes avaient été arrêtés à la suite d'une enquête du casino et que leurs fonds avaient été gelés. Mais les hommes ont été relâchés, leurs fonds débloqués et la police a expliqué qu'aucune poursuite n'était envisagée car il n'avait pas été prouvé que les trois hommes avaient commis quoi que ce soit d'illégal. Du coup, à la suite de cette affaire, les casinos britanniques revoient leurs mesures de sécurité. Il n'y aura sûrement pas grand monde pour les plaindre!

Des statues contre les ordures Environnement

Une petite ville dans les montagnes du centre du Japon a trouvé une solution... miraculeuse pour débarrasser ses parcs de stationnement et ses trottoirs des immondices jetées par les automobilistes en route vers les stations de ski toutes proches. Les autorités de la ville de Nagato, dans la préfecture de Nagano, ont décidé de placer, le long des stationnements de l'avenue principale, des statues de Jizo et un boddhisattva (figure sainte du bouddhisme), vénéré au Japon comme dieu protecteur des enfants, des femmes qui attendent un enfant et des voyageurs. Depuis l'apparition des statues, il y a quatre mois, les déchets ont presque totalement disparu, selon la chaîne de télévision publique japonaise NHK. «C'est plutôt gênant de jeter ses ordures à un saint», a déclaré un automobiliste cité par la NHK. Une idée pour le maire Tremblay de Montréal?

Un tableau pour un fromage

Un tribunal d'Ottawa a condamné Matthew Cardinal à peindre un tableau qui ornera le palais de justice de la ville. L'artiste itinérant, jugé pour avoir tenté de voler un fromage, s'est déclaré honoré par ce verdict. Gageons qu'il ne fera pas une croûte!

De la lingerie féminine pour un vote

Un homme politique zimbabwéen a tenté de gagner le vote des femmes en distribuant de la lingerie gratuite, a rapporté la télévision d'État pendant la dernière campagne électorale. La distribution de cadeaux n'est pas une pratique rare dans les campagnes électorales au Zimbabwe, mais cette fois-ci, le politicien en question, dont le nom n'a pas été cité, a suscité la colère de son parti, le ZANU-PF du président Robert Mugabe. «Je pense qu'il a dépassé les bornes», a commenté un responsable du parti. L'homme n'a toutefois pas été sanctionné. Imaginez un Paul Martin ou un Gilles Duceppe faire de même...

Un cordon ombilical plaqué or!

Pour conserver une trace inoubliable d'une naissance, les parents sud-coréens peuvent désormais garder le cordon ombilical de leurs enfants dans de la résine artificielle ou le faire recouvrir d'or. Dans cette société confucianiste, où les valeurs familiales sont très importantes, des sociétés proposent également de confectionner pour les parents des pinceaux de calligraphie à partir de cheveux de leurs enfants. Shim Jae-cheol, de U&I Impression, indique que son entreprise a recouvert d'or de 80 à 100 cordons ombilicaux en moins de six mois. Les prix varient de 80 000 à 100 000 wons (95 à 120 $). La loi sud-coréenne permet aux parents de conserver le cordon ombilical de leurs enfants, mais leur interdit de le vendre. Que nous sommes loin des premières bottines de bébé, que l'on faisait recouvrir de cuivre!

Boire ou téléphoner: choisissez!

Un opérateur de téléphonie cellulaire australien propose à ses clients d'établir une liste noire des numéros à ne pas composer après une sortie trop arrosée afin de leur éviter quelques impairs. Environ 95 % des personnes interrogées ont téléphoné alors qu'elles étaient ivres, révèle une étude menée auprès de 409 de ses abonnés par Virgin Mobile, coentreprise créée par Virgin Group et Optus. Quelque 30 % de ces appels étaient destinés à leur ex, 19 % à leur conjoint (e), et 36 % à d'autres personnes, notamment leur patron. Pour 55 % des clients interrogés, le premier geste du matin consiste à vérifier quel interlocuteur ils ont eu en ligne la veille, 8 % seulement préférant commencer la journée par deux cachets d'aspirine, précise l'opérateur. Bye-bye, boss!

Funérailles en direct sur Interne

Un crématorium indien se propose de filmer des funérailles et de diffuser les images en direct sur Internet afin de permettre à la famille du défunt, géographiquement éloignée, d'y assister. L'entreprise, gérée par les autorités locales de Baroda, une ville dans l'ouest de l'Inde, a

créé un site Web sur lequel sera diffusée en direct la céré-
monie. Provisoirement baptisé www.mokshadham.org,
«la demeure du salut» en sanskrit, il devrait être opéra-
tionnel au cours des prochains mois, a expliqué Jagdish
Thakkar, un des responsables du Rotary Club local, qui
aide à la mise en œuvre du projet. Les funérailles, payantes
il va de soi, ne seront diffusées qu'à la demande des proches, et seuls les membres enregistrés seront autorisés à
assister à la crémation. Il sera également possible de présenter ses condoléances sur le site et d'y discuter. «Cela
pourra éviter de nombreux déplacements», a ajouté Thakkar.
Et comment fait-on pour le buffet?

Deux fusils à gagner dans une collecte de fonds scolaire

Société

Une ville du Texas a proposé deux fusils à gagner à
l'occasion d'une collecte de fonds destinée à rassembler
15 000 dollars pour construire une clôture autour d'une
partie d'une école. Lampasas, un village de 6 700 habitants de la région de Texas Hill, veut ainsi protéger l'établissement scolaire autour duquel rôderait un prédateur
sexuel notoire. Les organisateurs ont expliqué qu'il était
plus facile de collecter des fonds dans cette région de
chasse, notamment au cerf, en proposant des armes plutôt que des gâteaux et des bonbons. Le gagnant du tirage
devra toutefois avoir au moins 18 ans et respecter la
législation locale et fédérale en matière d'armes à feu,
ont expliqué les organisateurs. Nous voici vraiment au
pays de Bush!

Un Américain sur quatre espère rencontrer l'âme sœur en avion

Près d'un Américain sur quatre prenant l'avion pendant ses vacances espère trouver l'âme sœur sur le siège d'à côté, selon une étude publiée récemment. Cette enquête menée par The Chase United Mileage Plus Visa Card révèle que 28 % des gens qui ont planifié un voyage touristique voient l'avion comme une chance de se faire un nouvel ami, 24 % espèrent tomber amoureux et 14 % trouver un partenaire commercial. Pour 30 % des personnes interrogées, la vedette de télévision la plus amusante comme voisine serait Oprah Winfrey. Le comique Jay Leno arrive en deuxième position. Bill Gates, le fondateur de Microsoft, est l'homme d'affaires le plus cité (17 %), suivi de la décoratrice Martha Stewart (12 %) et du président de la Réserve fédérale, Alan Greenspan (12 %). L'étude porte sur un échantillon de 239 adultes qui ont prévu voyager pendant les vacances scolaires et comporte une marge d'erreur de 6 %. Et non, personne n'a nommé le président Bush...

Les bougies de l'Église seraient cancérigènes

La visite des églises est peut-être un bienfait pour l'âme, mais pas pour les poumons, selon une étude scientifique de l'université néerlandaise de Maastricht. Les cierges et l'encens dans les églises peuvent être dangereux et sont potentiellement cancérigènes, précise ce travail publié dans l'*European Respiratory Journal*. Les scientifiques ont découvert que la combustion des bougies et des encens dégage des niveaux élevés d'hydrocarbures aromatiques polycycliques carcinogènes et des types inconnus de radicaux libres. Les atomes de radicaux libres contribuent au déclenchement et au développement de tumeurs cancéreuses. Bref, on gagne notre ciel en brûlant des bougies, mais peut-être plus vite qu'on l'espère!

Traitement antistress insolite

Pour 40 euros (63 dollars), une fourrière de voitures dans les environs de Madrid propose aux stressés de la vie moderne de se défouler en frappant, armé d'une masse, qui le portrait de son patron, qui un ordinateur, qui un téléphone cellulaire ou une carcasse de voiture, sur un fond musical *heavy metal*. L'entreprenant ferrailleur du petit village de Lubia, à 160 kilomètres au nord-est de la capitale espagnole, propose à ses clients un kit complet comprenant une masse, un casque, une salopette et un masque de protection. «Les gens viennent ici pour se défouler et, visiblement, ça leur fait beaucoup de bien», explique Jorge Arribas, cofondateur de cette entreprise baptisée StopStress. La séance de «thérapie par la destruction» dure théoriquement deux heures, mais aucun client n'a réussi à tenir plus d'une demi-heure! Une thérapie de choc, quoi!

Un CD bien silencieux

Vous êtes à la recherche d'un cadeau original? Voici une suggestion. Il s'agit d'un CD de... silences dont le titre est *Kenatophion*. Sur ce double CD, l'artiste (?) Jonty Semper a travaillé durant quatre ans pour choisir les plus beaux silences observés ces 70 dernières années au Cénotaphe, le plus grand monument aux morts de Londres. Ces longues minutes silencieuses sont ponctuées de pleurs d'enfants, de bruits de pieds, de toussotements. À ne pas faire jouer dans tous les *partys*.

Des policiers se font sonner les cloches

M. Sangliana, chef de la police de Bangalore, dans le sud de l'Inde, a reçu plusieurs plaintes ces derniers temps. Ses agents dormaient pendant leur service et, à cause de cela, des fusils avaient été volés. M. Sangliana a trouvé une solution. Il a acheté 80 cloches qu'il a fait placer dans les commissariats de la ville. Désormais, elles sonnent toutes les demi-heures pour maintenir les agents éveillés. Et, grâce à cette nouveauté, les habitants n'ont plus besoin de montre pour avoir l'heure exacte...

Des parfums pour tous les goûts!

Les New-Yorkais C. Brosius et C. Gable se sont lancés dans la fabrication de parfums originaux. Dans leur boutique de Greenwich Village, ils proposent une centaine de parfums. Certains sont plutôt originaux: parfum de poussière, de potager, de caoutchouc, de sapin, de chambre funéraire ou de lavoir automatique... Et il paraît que ça sent bon!

Bonnes funérailles!

Un salon funéraire nouveau genre vient d'ouvrir ses portes en Californie. Les proches et les amis du défunt ou de la défunte offriront leurs condoléances à la famille dans une atmosphère tout à fait inattendue pour un tel endroit. Quatre forfaits sont offerts. Le disco propose une atmosphère des années 1970, avec piste de danse, musique et éclairage. Le cabaret, quant à lui, présente un magicien et un comique sur scène. Il y a aussi la fête foraine, où les invités peuvent tenter leur chance à des jeux d'adresse. Le dernier forfait, mais non le moindre, est une adresse en l'honneur du défunt offerte par des proches et des amis. Vous ne croyez pas en l'idée? Eh bien, sachez que le concept est si populaire que le propriétaire a déjà ajouté deux salles aux quatre existantes!

Le fantôme de Fido

L'image que la plupart des gens se font d'une maison hantée est celle d'un lieu habité par un esprit ou un fantôme. À Louvain, en Belgique, les fantômes sont en fait des fantômes d'animaux! Depuis qu'il a emménagé dans sa demeure, Leopold Martens a observé de nombreux phénomènes étranges. Dès la première semaine, il a entendu des aboiements sourds provenant du sous-sol. Il n'y a pas prêté attention, pensant qu'il s'agissait d'animaux du voisinage. Il s'est informé auprès de ses voisins, mais aucun ne possédait de chiens. Il a alors pensé que des chiens errants se promenaient dans le voisinage. Mais un soir, alors qu'il lisait tranquillement le journal, il a senti une présence tout près de lui. Il s'est retourné et a alors aperçu la silhouette blanche d'un chien couché juste derrière lui. Le premier moment de frayeur passé, il a vu que le chien, ou la lueur de ce chien, le regardait sans bouger. Lorsque M. Martens s'est levé, l'esprit est sorti de la pièce. Plusieurs jours ont passé sans que le phénomène se reproduise. Le propriétaire a revu le spectre du chien seulement lorsqu'il s'est remis à lire le journal dans la même pièce, et plusieurs personnes, dont quelques journalistes locaux, ont même été témoins de la scène. M. Martens peut au moins se dire que ce nouvel ami est propre, discret et très économique!

Haro sur les cloches !

Un curé parisien a déclaré la guerre aux cloches, qui l'ont pourtant accompagné dans l'exercice de son ministère. Retraité dans un petit village de 800 âmes, il n'en peut plus d'entendre jour et nuit leurs sonneries, émanant de l'église romane du XIe siècle qui jouxte l'ancienne cure, sa résidence principale. Depuis deux ans, il demande par courriers interposés l'arrêt des sonneries de 22 h à 7 h, la suppression des répétitions de ladite sonnerie à chaque heure ainsi que celle de l'angélus, à 11 h 30. Ne parvenant pas à obtenir gain de cause, il a finalement déposé une requête en justice, demandant 60 000 euros (approximativement 100 000 dollars) de dommages et intérêts. La municipalité, qui juge que la sonnerie des cloches est importante pour la vie du village, a lancé une pétition pour leur maintien, pour laquelle elle a recueilli jusqu'à présent 170 signatures. Celui qui les a sonnées pendant plus de 40 ans n'avait sûrement pas mûri ces paroles du Christ : « Ne faites pas aux autres ce que vous ne voulez pas qu'on vous fasse... »

Le père Noël en faillite

Le père Noël, au Groenland, n'a plus d'argent pour répondre personnellement aux enfants qui lui écrivent des quatre coins de la planète. Le gouvernement local du Groenland, possession danoise située dans l'Arctique, a coupé les vivres à la fondation Santa Claus of Groenland. Résultat : les enfants et leurs parents doivent payer 79 couronnes danoises (16 dollars) pour recevoir un cadeau et une réponse personnelle écrite de sa main. La caisse est vide alors que la boîte à lettres géante du père Noël, installée devant le bureau de ses aides à Nuuk, la capitale de l'île, a reçu, ce dernier Noël, quelque 40 000 missives du monde entier contenant dessins, sucettes, bonbons, petits gâteaux ou même un peu de foin pour les rennes... À l'ère de l'Internet, des dizaines de milliers d'enfants ont préféré écrire leurs listes de vœux par courriel sur le site électronique du père Noël (www.Santa.gl), en danois et en anglais, d'ailleurs souvent saturé. Le Santa Claus du Groenland, qui prétend être le «véritable» père Noël, fait ainsi face à une forte concurrence. Mais il considère ses pairs, finlandais (le plus populaire), canadien, suédois et autres, comme des usurpateurs. Y'a vraiment plus d'honneur dans le métier!

Tout est question de regard...

La ville de Francfort a brûlé une sculpture considérée par mégarde comme un déchet encombrant par les services de gestion des ordures, à la grande joie de l'artiste berlinois à l'origine du projet, qui a renoncé à porter plainte. Peter Postleb, directeur des services «Ville propre» à Francfort, a précisé avoir ordonné lui-même l'évacuation de l'objet, précisant n'avoir compris son erreur qu'après être tombé sur une photo de l'exposition dans la presse locale. «Il n'y avait pas de panneau, et le vent l'avait en partie déchirée», s'est-il excusé. «Cela fait partie du jeu», a commenté l'artiste, qui avait conçu divers assemblages de panneaux métalliques recouverts de plastique jaune servant à l'origine à mouler du béton. «Pas question de reconstruire l'œuvre», a-t-il précisé, estimant que la discussion autour de sa disparition était désormais beaucoup plus intéressante. En art, tout dépend de celui qui regarde...

Cybersexe, version Bluetooth

Grâce aux derniers développements – et aux failles – de la téléphonie cellulaire, les longs trajets en train ou en métro entre son domicile et son lieu de travail dans les grandes agglomérations européennes pourraient bien devenir le dernier salon à la mode pour faire des rencontres impromptues. La pratique du «toothing», terme dérivé de la technologie Bluetooth de transmission de données sans fil à courte distance, semble en effet en plein boom en Grande-Bretagne, particulièrement autour de Londres, où de parfaits inconnus entrent en contact les uns avec les autres dans les trains, les bus, les bars ou les magasins, au moyen de messages envoyés gratuitement sur leur téléphone portable. Des utilisateurs de téléphone Bluetooth ont tout simplement découvert qu'ils pouvaient envoyer des messages textuels de façon anonyme et gratuite vers d'autres téléphones présents dans la zone couverte par leur cellulaire, habituellement de l'ordre de quelques dizaines de mètres, grâce à une faille de sécurité baptisée «bluejacking», une contraction des termes «Bluetooth» et «hijacking» (détournement). Un jeune homme d'une vingtaine d'années, prénommé Jon et plus connu sous le pseudonyme de «Toothy Toothing», a créé un site Web présentant cette activité, ses origines et ses usages, et comprenant un guide du débutant. Il y raconte comment il a été contacté un jour alors qu'il se rendait à son travail par une jeune femme inconnue. Après quelques jours de dialogue, elle lui a proposé une rencontre à but purement sexuel dans les toilettes d'une gare. Jon explique que les «tootheurs» potentiels envoient au hasard un message de salut, habituellement «Toothing?». «Si l'autre partie est intéressée, des messages sont échangés jusqu'à ce qu'un endroit adapté soit trouvé, en général des toilettes publiques, bien qu'il existe des récits sur des lieux plus inhabituels, comme des wagons déserts ou des locaux d'entretien», précise-t-il sur son site (http://toothing.proboards 28.com). On n'arrête pas le progrès!

McDo furieux

Le géant de la restauration rapide McDonald's a vu rouge après avoir appris la teneur de sa dernière contribution à la culture populaire américaine : l'apparition du mot «McJob» dans le dictionnaire américain le plus vendu, comme synonyme d'«emploi précaire». Selon la définition de la 11ᵉ et plus récente version, parue l'an dernier, du dictionnaire édité par Merriam-Webster Inc, le terme «McJob» signifie ni plus ni moins «travail sous-payé et temporaire». Dans une lettre ouverte publiée par le bulletin syndical *Nation's Restaurant News* peu après l'apparition du mot dans le dictionnaire, le PDG de McDonald's, Jim Cantalupo, a réagi en qualifiant la définition d'irrévérencieuse. Le responsable a ajouté que la direction de McDonald's avait examiné les affirmations selon lesquelles le mot serait passé dans le langage courant américain, sans toutefois découvrir grand-chose. Les responsables du dictionnaire, Merriam-Webster, ont répliqué que le choix du mot avait été le résultat de plusieurs années de recherches et qu'il était basé sur une profusion de références dans les plus grandes publications en anglais depuis 17 ans. Un chausson avec ça, monsieur Cantalupo?

«N'ouvrez pas votre porte à l'Halloween!»

Le maire du village de Carspach, en France, dénonçant une fête «qui fait peur aux enfants», a demandé à ses administrés de ne pas ouvrir leur porte pour distribuer des bonbons le soir de l'Halloween. «Cela fait longtemps que ça me trotte dans la tête, je n'ai jamais aimé cette fête qui fait peur aux enfants! Quand ils ont deux ou dix ans, le rêve pour eux, c'est le père Noël, Saint-Nicolas ou le lapin de Pâques, mais pas les squelettes, les sorcières et tous ces masques dégueulasses», a expliqué Jean-Pierre Hartmann, dénonçant du même coup l'attitude de certains jeunes qui sonnent chez les gens. S'il n'a pas interdit la fête, se contentant de demander aux habitants de ne pas ouvrir leur porte, il a néanmoins envoyé une lettre aux 250 écoliers du village pour qu'ils ne sortent pas dans la rue le soir de l'Halloween. Attention au bonhomme Sept Heures!

Karaoké olé olé

Cris, gloussements, râles agrémentés de quelques insultes : l'Allemagne assiste à l'éclosion d'un nouveau type de karaoké, consistant à imiter les sons et les mots d'un film pornographique. La règle du jeu est la même que celle du karaoké traditionnel, une distraction née au Japon où les participants chantent les textes de chansons diffusés sur un écran. Ici, toutefois, c'est un peu... différent: un couple a une minute pour reproduire, à tour de rôle, les sons et les dialogues inscrits au bas d'un écran de télévision, alors que défile un film pornographique. Le public élit ensuite le couple ayant réalisé la meilleure performance de simulation d'orgasme. La société de production Satt und Durstig, qui a lancé la mode récemment à Hambourg, a connu un franc succès lors de sa première à Berlin, le mois dernier, et a déjà fait des émules dans d'autres villes du pays. Un cours 101 pour apprendre à feindre l'orgasme?

Ce n'était pas de la fausse représentation!

Un informaticien thaïlandais de 21 ans risque cinq ans de prison pour avoir subtilisé et revendu sur Internet des sous-vêtements féminins usagés, à raison de dix petites culottes usagées pour 5 000 baht (180 dollars). «Ce n'est pas un fétichiste, mais quelqu'un qui cherchait plutôt à arrondir ses fins de mois...», a commenté un responsable de la police. Le voleur s'est fait prendre alors qu'il subtilisait sept petites culottes qui séchaient sur une corde à linge à l'extérieur du domicile d'une femme à Nakhon Ratchasima, deuxième ville en importance de la Thaïlande. La police a trouvé chez lui une vingtaine de petites culottes usagées qu'il s'apprêtait à envoyer à ses clients. Il y a vraiment des acheteurs de tout et n'importe quoi!

Fans de soccer, attention à votre cœur!

Regarder des tirs au but peut provoquer un arrêt du cœur, au sens propre du terme. Des chercheurs suisses ont en effet révélé que les arrêts cardiaques avaient augmenté de 60 % dans ce pays durant la dernière Coupe du monde de football 2002 par rapport à la même période en 2001. La forte pression psychologique à laquelle sont soumis les téléspectateurs et l'énervement sont probablement les grands responsables de ce phénomène, bien qu'une consommation excessive d'alcool et de tabac ainsi qu'un manque d'exercice physique constituent des facteurs aggravants. Lors de la réunion annuelle de la Société européenne de cardiologie, Eugene Katz, du Centre hospitalier universitaire Vaudois, a invité les médecins à renforcer leur vigilance durant les principaux tournois sportifs. Au Québec, il y a peu de danger à cet égard, vu les performances des marqueurs du Canadien!

Des seins animés pour Britney

La chanteuse pop britannique Britney Spears sera dotée de seins gonflables qui vont vibrer au rythme de sa danse, du moins dans sa version de mannequin de cire au musée de Madame Tussauds, à Londres. «Nous envisageons de créer un nouveau mannequin de Britney Spears», a annoncé une porte-parole du musée. La figurine de cire s'inspirera de vidéos de la chanteuse où elle danse haletante autour d'un poteau et sera accompagnée de professionnels du spectacle qui montreront aux visiteurs les ficelles du numéro. C'est la dernière initiative du musée pour conférer à ses mannequins une dimension non seulement visuelle mais aussi tactile. Ouf! Au moins, ils n'ont pas choisi Dolly Parton!

Faites-vous réveiller par Pamela Anderson!

Rêvez-vous d'être réveillé par la voix de Pamela Anderson? C'est désormais possible aux États-Unis, grâce à un service de réveil qui propose à tout un chacun d'être réveillé par des stars, pour la modique somme de 7,99 $ (environ 10 $ CAN) mensuels. L'actrice, aussi connue pour ses rôles que pour ses formes, a enregistré pour Celebrity Wakeup (le réveil par des stars) une toute nouvelle entreprise californienne, sept messages matinaux différents, pour varier les plaisirs. «Bonjour, c'est Pamela, je remplace ton réveil. J'adore les animaux. Ils sont doux, mignons, et on peut jouer avec eux. Est-ce que je peux jouer avec toi? Allez, mets-toi à quatre pattes et aboie comme un chien. Bouge-toi les fesses, sors de ton lit et va me chercher mes pantoufles!», ajoute-t-elle, avant de conclure: «Allez! Faut te lever!» Si vous ne vous sentez pas d'humeur animale, Pamela peut vous réveiller de façon plus militaire. «À chaque seconde, le soleil libère assez d'énergie pour procurer à la planète de l'énergie pour un milliard d'années, et tu ne peux pas sortir du lit? C'est quoi cette éthique du travail? Elle est mauvaise! Alors maintenant, lève-toi, va travailler et démarre à l'hydrogène ou, au moins, prends un café!» Celebrity Wakeup négocie présentement avec d'autres stars pour élargir la gamme de voix offertes. Ne vaut-il pas mieux rester couché plutôt que d'entendre de telles bêtises?

CNN: des nouvelles avant l'heure

Les nécrologies du pape Jean-Paul II, plusieurs mois avant qu'il ne meure, ainsi que de Fidel Castro ont pu être lues sur un site Internet interne de CNN rendu provisoirement accessible au public «par erreur», a expliqué un porte-parole de la chaîne de télévision américaine. «Un problème informatique a rendu cette section de notre site accessible au grand public. Nous avons réagi aussitôt que nous en avons été informés», a-t-il ajouté. D'autres personnages alors bien vivants, comme les anciens présidents américains Gerald Ford et Ronald Reagan, ainsi que le Prix Nobel de la paix, le Sud-Africain Nelson Mandela, se trouvaient sur ce site. Ça, c'est du scoop!

Soutiens-gorge de stars à l'encan

Le soutien-gorge de la chanteuse Sheryl Crow est couvert de guitares roses, celui de Pamela Anderson a une texture pelucheuse de style Play-Boy, celui de Dustin Hoffman est un message politique contre la guerre en Irak: au total, une cinquantaine de célébrités ont créé des soutiens-gorge mis aux enchères sur Internet au profit de la lutte contre le cancer du sein. Cette vente humanitaire était organisée en ligne par la maison Sotheby's et a rapporté près de 100 000 dollars. Parmi les créateurs figurent aussi l'actrice Fran Drescher ainsi que l'actrice et chanteuse Olivia Newton-John, toutes deux atteintes d'un cancer du sein, ainsi que Bette Midler, Cindy Crawford, Rod Stewart,

Goldie Hawn, Susan Sarandon et Melanie Griffith. Le couple Brad Pitt et Jennifer Aniston (séparé depuis) a reproduit ses mains sur chaque bonnet de son soutien-gorge. Les célébrités ont eu plusieurs semaines pour soumettre leur projet, réalisé ensuite par la compagnie de lingerie Frederick's, de Hollywood. La main de Brad Pitt sur ses seins, voilà de quoi en faire rêver plusieurs !

Irak : après la guerre sur le terrain, la guerre des mots

Société

Un groupe de linguistes allemands en a appelé au boycott des expressions anglo-saxonnes et à leur remplacement par des expressions françaises, en guise de protestation contre la guerre en Irak, a indiqué le professeur Armin Burkhardt, qui enseigne à l'université de Magdebourg (est) et qui voulait réagir au fait que les Américains avaient renommé les «*french fries*» les «Liberty fries» après le refus de la France de participer à la guerre en Irak. Le président du groupe de travail propose ainsi de dire «billet» au lieu de «ticket» et «carton» au lieu de «box», «Trikot» (tricot en allemand) pour remplacer «t-shirt», «pointe» pour remplacer «gag», «d'accord» au lieu de «O.-K.», «Etikett» (étiquette) au lieu de «label» et «hausse» au lieu de «boom». Il ne s'agit pas de purisme linguistique, mais bien d'une manifestation de soutien à la politique des gouvernements français et allemand, a souligné Armin Burkhardt. Bien sûr, personne n'en a parlé dans les journaux yankees !

U.S. Army: des surnoms révélateurs

Société

Les surnoms, parfois d'un goût discutable, sont toujours en vogue dans l'armée américaine, comme cette bombe appelée «Daisy cutter» (faucheuse de marguerites) ou l'avion AC-130 connu sous le terme de «Spooky» (qui donne la chair de poule). Croisant en Méditerranée orientale, le porte-avions nucléaire Theodore Roosevelt n'échappe pas à la règle; le navire a été surnommé «The Big stick» (le gros bâton) en souvenir du proverbe souvent cité par le président homonyme (1901-1909): «Speak softly and carry a big stick» (Parle doucement mais porte un gros bâton). Cette mode touche en particulier les pilotes de chasse, chez qui les pseudonymes deviennent quasi-officiels: ils s'affichent sur les macarons cousus sur leur blouson, sur leur casque et sur le fuselage des jets supersoniques. Sur le Theodore Roosevelt, les aviateurs s'appellent entre eux «Gruff» (bourru), «Roundboy» (rondelet), «Gucci», «Cowboy» ou «Rat boy». «Si tu n'aimes pas ton surnom, tu peux être sûr que tu seras appelé comme cela!», explique le commandant Marcel Le Blanc, un Acadien surnommé «Frenchy». Un humour de style souvent simpliste préside à ces baptêmes. Un aviateur qui s'était fait remarquer par son maillot de bain moulant a aussitôt hérité du nom de la marque de son vêtement, «Speedo», tandis qu'une ex-pilote du porte-avions, d'allure assez masculine, avait été surnommée «Sweating balls» (couilles en sueur). En attendant de recevoir un pseudonyme définitif, certains nouveaux venus se voient affubler des initiales FNG, pour «Fucking new guy» (nouvel enfoiré). Et dire qu'on s'étonne des bavures...

Bug bancaire

Un étudiant qui voulait acheter des livres par Internet s'est retrouvé à pirater 9 millions d'euros (un peu plus de 14 millions de dollars). Voilà qui laisse perplexe. Imaginez, vous êtes étudiant à l'université Princeton et vous avez décidé de sauter le pas: acheter par le biais de la boutique en ligne de l'université. Vous entrez les identifiants qui vous ont été donnés pour acheter des bouquins. Mais, à défaut de titres de livres, vous vous trouvez devant les données de 15 comptes bancaires qui, additionnés les uns aux autres, vous permettent d'avoir accès à plus de 14 millions de dollars. Voilà l'histoire qui est arrivée à Ira, un étudiant qui goûtait pour la première fois aux joies de l'achat en ligne. Pourquoi un tel *bug*? L'identifiant d'achat du livre recherché par l'étudiant était le même que l'identifiant bancaire de l'école. Un hasard d'une valeur de 14 millions de dollars, qui dit mieux!

Une autre supercherie

La fiole brandie à l'Onu par le secrétaire d'État américain Colin Powell, à l'appui de sa démonstration sur la dangerosité du bacille du charbon que détenait présumément l'Irak, n'en contenait pas, a assuré un responsable du département d'État. «Non, ce n'était pas le bacille du charbon», a indiqué ce responsable sous le couvert de l'anonymat. La fiole contenait seulement une substance blanche à base de silicone fournie par "nos amis de Langley" (la CIA)», a-t-il précisé. Colin Powell avait souligné, en montrant l'objet en question, qu'une seule fiole comme celle-là pouvait causer des ravages immenses et avait rappelé les conséquences – cinq morts et des centaines de personnes traitées médicalement – de l'affaire des lettres contenant du charbon adressées à la fin de 2001 à différentes personnalités aux États-Unis (une affaire qui, à ce jour, n'a pas encore été élucidée). Drôle tout de même : après les ADM – les armes de destruction massive – qui n'existaient pas, un bacille du charbon qui n'était pas vrai non plus ! On va finir par croire que même Saddam Hussein n'existait pas !

Mieux vaut être une vache en Europe qu'un citoyen du Sud...

Société

L'Union européenne octroie quelque 2,2 dollars de subvention par vache par jour, alors que la moitié de la population du monde vit avec moins d'un dollar par jour, selon une étude de l'Organisation non gouvernementale Social Watch. Bref, mieux vaut être une vache en Europe qu'un citoyen des pays du Sud, conclut cette étude rapportée dans le journal indépendant du Forum social mondial. Et le même calcul appliqué au Canada révélerait le même type de résultat. C'est ainsi qu'on voit les priorités de nos gouvernements...

La cyber-mendicité, un nouvel Eldorado

Technologie

Que ce soit pour rembourser une dette, pour se payer des cours de chant ou en raison d'une allergie au travail, «quêter» sur Internet semble être la nouvelle tendance aux États-Unis. Pour certains, la formule fait recette, comme le montre l'exemple de Karyn Bosnak, une ex New-Yorkaise endettée qui a remboursé un emprunt de 20 000 dollars après avoir reçu plus de 13 000 dollars par le biais de son site Internet. La célébrité aura en outre permis à Karyn Bosnak d'apparaître dans plusieurs émissions télévisées pour raconter son histoire et de préparer un livre. Le cas n'est pas unique. Yahoo a ouvert une catégorie «mendicité» en 1996, qui ne contenait à l'origine que quatre sites. Mais l'augmentation et la diversification de ces sites a poussé Yahoo à rebaptiser cette section du nom de «E-Panhandling» (faire la cyber-manche), que l'on trouve en sous-catégorie de Home > Society and Culture > Issues and Causes > Poverty > Panhandling > E-Panhandling. Aujourd'hui, le nombre de sites dépasse la cinquantaine, allant de ceux montés par des gens qui ont tout simplement envie qu'on leur donne de l'argent à ceux qui cherchent des fonds pour financer un projet ou une intervention médicale, indique Michelle Heimburger, cadre chez Yahoo. Payant et moins frisquet en hiver que la vraie mendicité!

Porno maison

En Belgique, les habitants d'une petite ville ont été encouragés à tourner leur propre film pornographique à l'occasion d'un festival sur le cinéma porno. Le centre artistique de la ville de Mechelen, près de Bruxelles, à l'origine de l'idée, entend présenter au public les saynètes retenues au cours du festival. «Nous souhaitons encourager les habitants à être créatifs dans le porno», a expliqué à la presse locale l'organisatrice de la manifestation. Des prix seront attribués aux meilleures réalisations. Une femme faisant la lessive de façon érotique, est-ce possible?

Plaisir, vous avez dit plaisir?

Pour une petite majorité d'Allemands, le sexe serait plutôt un moment de stress qu'une partie de plaisir, selon un sondage paru dans le magazine santé allemand *Fit for fun*. Cette tendance serait plus marquée chez les hommes que chez les femmes, selon cette étude effectuée auprès des 18-55 ans; 58 % d'entre eux estiment que le sexe représente «du stress plutôt que du plaisir», alors que les femmes de la même tranche d'âge sont 51 % à partager cet avis. Heureusement, il y a tout de même 33 % des hommes et 35 % des femmes interrogés qui se félicitent de ne pas être sous pression lorsqu'ils accomplissent leur devoir conjugal. Une majorité de personnes (58 % d'hommes, 61 % de femmes) a par ailleurs confié «ne pas connaître assez» le corps de son ou sa partenaire. Cependant, 10 % des femmes ont affirmé «tout» savoir de leur partenaire, comparativement à 8 % des hommes.

Plaisir, vous avez dit plaisir? (2)

Les femmes ne seraient pas les seules à simuler l'orgasme, selon une enquête publiée à l'occasion du salon Erotica, le plus important du genre au monde, qui a lieu chaque année à Londres. Selon cette enquête, menée auprès de 2 500 Britanniques, si 56 % des femmes interrogées ont admis faire semblant d'atteindre l'orgasme, 23 % des hommes ont eu la même réponse. Par ailleurs, près de la moitié des personnes interrogées ont dit apprécier les parties à trois. Erotica affirme que ce sondage brise le mythe d'une Grande-Bretagne pudibonde.

Assez, c'est assez!

Une Parisienne qui, agacée par le zèle du personnel de sécurité à l'aéroport régional d'Evansville (Indiana), au retour du mariage d'un de ses neveux, s'est à moitié dénudée. Excédée par les contrôles de sécurité tatillons, la voyageuse française a en effet perdu le contrôle quand une préposée a commencé à passer son détecteur de métaux portable sous son pull, au niveau de sa poitrine;

elle a alors décidé de faciliter la tâche des agents en... enlevant le haut. Lors de sa comparution en cour, où elle était jugée pour résistance à agent et outrage aux bonnes mœurs, deux délits simples, la femme a plaidé coupable et s'est vu infliger une amende symbolique de 2 dollars, soit 1 dollar pour chacune de ces accusations. À cela s'est ajouté un montant de 130 dollars (158 dollars canadiens) de frais de justice. Son avocat, Glenn Grampp, a affirmé que sa cliente était très gênée par cette affaire, qu'elle attribue à un malentendu et à la panique. Seulement 2 dollars? Heureusement qu'elle ne s'appelait pas Janet Jackson!

Strip-tease artistique à Rome

Des travaux de rénovation dans une église de Rome ont mis au jour deux statues du Bernin dont le décolleté était caché depuis plus de 130 ans par des «corsets» de bronze. Les deux œuvres, représentant la Vérité et la Charité, ont été dessinées par Gian Lorenzo Bernini, dit Le Bernin, l'un des plus grands artistes du baroque italien. Pas le dernier artiste venu, quoi! Sculptées vers 1660 pour l'église de Sant'Isodoro, les statues de femmes avaient été recouvertes sous le coup de la censure, à la fin du XIXe siècle. «Les nus étaient un brin trop provocateurs pour les Victoriens, qui les ont fait couvrir de corsets de bronze en 1863», a expliqué Angela Negro, responsable de la restauration de l'église, qui ajoute: «Nous avons décidé de tout montrer.» Ce strip-tease artistique révèle deux sculptures en marbre de femmes tenant leurs seins avec leurs mains. «Les parties couvertes sont en parfait état», a précisé Angela Negro. Ce qui n'est pas le cas d'un chérubin de marbre de la même église. Une fois retiré le voile posé par les censeurs sur l'entrejambe de l'angelot, l'équipe de restauration a découvert que le sexe avait été enlevé. Un eunuque?

L'ovni était une pizza

Une foule de curieux et de pseudo experts en ovni ont déboulé dans un champ à Schoenwalde, en Allemagne, où un mystérieux cercle avait été dessiné par des épis de maïs couchés. En fait, il s'agissait de la reproduction d'une pizza géante par une équipe de télévision facétieuse. Comme l'a révélé l'équipe de Stern TV à l'origine du canular, c'est une pizza avec des tranches de tomate et de salami qui a servi de modèle au dessin, agrandi ensuite à l'échelle 1:100. Quatre heures passées, de nuit, à coucher les épis à l'aide de troncs d'arbre ont ensuite suffi à créer un petit effet dès le lendemain matin. L'agriculteur propriétaire a vite su en tirer profit: devant l'afflux de curieux, il a fait payer l'accès au champ et commencé à vendre des saucisses et des souvenirs. Des spécialistes en ufologie et des scientifiques ont alors avancé les théories les plus extraordinaires, certains parlant même de phénomènes électriques naturels. Ceux-là n'ont sûrement pas mangé de pizza le soir venu!

La blague la plus drôle du monde

La blague la plus drôle du monde a été dévoilée il y a quelques mois par une association scientifique britannique au terme d'une recherche sérieuse, menée pendant plus d'un an. La British Association for the Advancement of Science a demandé aux internautes du monde entier de lui soumettre leurs blagues favorites et de donner une note à celles des autres. Sur 40 000 blagues en provenance de 70 pays et deux millions de notes plus tard, voici la blague retenue.

«Deux chasseurs se trouvent en forêt lorsqu'un des deux s'effondre. Il semble avoir cessé de respirer et ses yeux sont vitreux. Son camarade, paniqué, appelle les services d'urgence :

— Mon ami est mort! Qu'est-ce que je peux faire?

L'opérateur répond tranquillement :

— Calmez-vous! Je peux vous aider. D'abord, assurons-nous qu'il est mort.

Il y a alors un moment de silence, suivi d'un coup de feu. Le chasseur reprend le combiné :

— C'est bon, il est vraiment mort. Et maintenant?»

En voilà un qui ne sera pas drôle en vieillissant!

Un petit Autrichien de quatre ans dégoûté par le dessert que sa grand-mère venait de lui servir n'a pas hésité à appeler à l'aide, composant le numéro des services d'urgence de la police. Une fois la surprise passée, un policier de Linz, en Haute-Autriche, a demandé au petit garçon ce qu'il souhaitait que la police fasse pour remédier à cette situation. Son interlocuteur restant muet, le policier lui a alors suggéré de donner une seconde chance aux beignets aux prunes de sa grand-mère. L'enfant a alors accepté et raccroché. Une fessée avec ça?

Les chiffres 911 donnent 11/9 à la loterie de New York

Il y a parfois quelque chose de troublant dans le hasard apparent des nombres: le 11 septembre (9/11 pour les Anglo-Saxons) 2002, le tirage de la loterie new-yorkaise a donné le résultat suivant: 9-1-1. À la loterie, on se défend d'avoir donné un coup de pouce au sort: «Les chiffres ont été tirés au hasard, de la manière classique et en fonction des protocoles habituels», a déclaré Carolyn Hapeman, porte-parole de la loterie.

Faites l'amour, pas la guerre

Lors de la dernière campagne électorale, une candidate du parti chrétien-démocrate aux élections législatives suédoises a suggéré la diffusion en continu de films pornographiques à la télévision tous les samedis, et cela, afin de stimuler la croissance démographique et, donc, économique. Mme Teres Kirpikli, conseillère municipale de la ville de Skoevde, a dit estimer que la pornographie est le meilleur moyen de doper la vie sexuelle des couples et donc la natalité. «Je veux de l'érotisme et de la pornographie à la télévision pendant toute la journée, chaque samedi. Les gens auront alors davantage envie de faire l'amour. Je pense que la plupart des gens aiment la pornographie, même s'ils ne veulent pas l'admettre», a-t-elle expliqué dans un communiqué. «Il n'y a rien de mal à ce qu'un homme et sa femme ou sa partenaire regardent un film pornographique ensemble», a-t-elle ajouté. Un moyen de favoriser l'économie? Pas sûr que les couples iraient beaucoup magasiner le samedi!

L'Écosse, la destination préférée des ovnis

Les amateurs d'ovnis devraient fréquenter davantage l'Écosse, où les apparitions d'objets volants non identifiés font désormais concurrence à celles du célèbre monstre du Loch Ness. Les Écossais peuvent se targuer d'observer chaque année plus de 300 passages d'objets volants non identifiés, soit la plus forte concentration au monde de «soucoupes volantes», selon des chiffres publiés récemment. Une enquête réalisée par l'Office national du tourisme écossais, VisitScotland, indique en effet que 0,004 ovni sont repérés par kilomètre carré de sol écossais, soit un taux quatre fois plus élevé qu'en France ou en Italie, autres lieux de prédilection des voyageurs extraterrestres. Calculé autrement, cela donne une apparition signalée d'ovni pour 17 000 habitants, contre une pour 61 200 âmes au Canada, et seulement une pour 136 450 aux États-Unis. À croire que Bush les effraie eux aussi!

Le Canada, un État américain?

Vous et moi savons que ce n'est pas le cas. Si l'on peut comprendre que la majorité des Américains ignorent que le Canada est le principal partenaire commercial des États-Unis, il est plus difficile de comprendre que le tiers d'entre eux croient que le Canada est un État américain et non un pays indépendant. L'enquête publiée par la firme Ipsos-Reid montre que 18 % des Américains perçoivent le Canada comme le principal allié des États-Unis, alors que 56 % des gens, dans la population, attribuent plutôt ce rôle à la Grande-Bretagne. Plutôt que la Bible, l'Amérique profonde devrait peut-être apprendre la géographie!

Robin des Bois est toujours vivant

Un prisonnier qui profitait de permissions de sortie pour commettre des hold-up, dont il répartissait ensuite le butin avec ses codétenus en leur envoyant des mandats signés «Robin des Bois», a été pris sur le fait. Le généreux cambrioleur, âgé de 54 ans et prénommé Francisco, a été arrêté la dernière fois au bureau de poste central de Madrid, en possession d'une grosse quantité d'argent liquide et alors qu'il s'apprêtait à envoyer 13 mandats postaux signés «Robin Hood» (Robin des Bois) à des prisonniers du pénitencier d'Aranjuez, au sud de Madrid, dont il était lui-même un pensionnaire en permission. Francisco a reconnu que l'argent qu'il s'apprêtait à envoyer à ses codétenus provenait d'une attaque à main armée qu'il avait faite lors d'une précédente sortie autorisée, alors que sous la menace d'un pistolet il s'était fait remettre, dans une banque de Madrid, 7,8 millions de pesetas (73 000 dollars) et 203 530 euros (323 000 dollars) en argent liquide. Le même jour, 40 détenus à Aranjuez avaient reçu des virements d'argent envoyés par un mystérieux «Robin Hood». Délinquant au long casier judiciaire, Francisco était incarcéré pour avoir braqué une bijouterie en 1997. À l'époque, il avait déjà partagé le produit de son forfait avec ses camarades emprisonnés. Espérons que ses copains de prison partageront sa peine!

Super Size Me, autre version

Le film *Super Size Me* a défrayé les manchettes et effrayé bien des consommateurs de McDonald's. Mais voici une version différente. Cette fois, le type s'appelle Peter Holden et n'a qu'une passion: manger midi et soir dans les restaurants McDonald's. À 39 ans, ce représentant de commerce, qui passe le plus clair de son temps sur la route, a déjà poussé la porte de plus de 11 000 des 13 500 franchises existant en Amérique du Nord. Plutôt qu'un accro du hamburger, Holden, un célibataire résidant dans la banlieue de Washington, préfère se décrire comme un «collectionneur». «Je collectionne les expériences culinaires», explique-t-il. Lors d'une tournée récente, d'une durée de deux mois environ, il a eu l'occasion d'ajouter 125 restaurants à sa liste. Son record: 45 McDo à Detroit (Michigan), le 26 octobre 1975. Son restaurant favori: la péniche McDonald's, à Saint-Louis (Missouri). D'une taille de

1,85 mètre pour 88 kilos et ayant un taux de cholestérol normal, Peter Holden dit n'avoir aucun problème de santé et confie son secret : « Je ne mange que rarement des frites. Ce sont elles qui sont responsables des kilos en trop ! » Même à cela, pas sûr que Montignac serait d'accord avec ce régime...

« Maltraitez-vous votre ordinateur ? »

C'est la question qu'a posée le distributeur informatique britannique Novatech à plus de 4 000 utilisateurs. Il est ressorti de son enquête que 25 % des utilisateurs s'énervent, et de manière régulière, au point de frapper leur innocente machine. Des résultats surprenants... Certains expliquent que leurs agressions ont été provoquées par l'envoi d'un courrier électronique à caractère sensible au mauvais destinataire ou par la révélation de manière impromptue d'une visite passée sur un site de charme (historique, cache du navigateur, etc.). Un utilisateur a même raconté s'être énervé après avoir laissé traîner sa cravate dans le tiroir d'entraînement du lecteur CD de son PC, et s'être alors frappé la tête sur le moniteur, entraînant malgré lui la fermeture dudit tiroir ! Ah, c'est beau, la technologie ! À quand une ligue protectrice des ordinateurs maltraités ?

L'amour, c'est la santé !

L'amour est bon pour le cœur, proclament des cardiologues à l'occasion de la Saint-Valentin. À l'heure où les amoureux s'envoient des cartes et s'offrent des roses, la Fédération mondiale de cardiologie (WHF) a publié un communiqué engageant les couples du monde entier à laisser libre cours à leurs émotions. Selon la Fédération, sise à Genève et spécialisée dans la lutte contre les maladies cardiaques, l'amour contribue à réduire le stress, la dépression et l'anxiété, trois facteurs importants d'affections cardiaques. Les médecins ont cité des études scientifiques à l'appui de leur démonstration. L'une d'elles, réalisée auprès de 1 400 personnes atteintes de maladies coronariennes, a démontré que 15 % de ceux qui étaient mariés ou en couple étaient morts à l'intérieur des cinq années suivantes, contre 50 % pour les célibataires. La meilleure façon de tuer quelqu'un serait donc de le quitter?

Elle aimait parler: une facture de 400 000 $ de téléphone

Une jeune femme originaire du nord de la France a été condamnée par le tribunal à rembourser la somme de 246 474,62 euros (approximativement 400 000 dollars) à France Télécom. La jeune femme en question, Fatima Guisse, 25 ans, qui ne s'est pas présentée devant les juges, a en outre été condamnée à un an de prison ferme, et un mandat d'arrêt a été délivré à son encontre. La justice lui reprochait d'avoir utilisé, aux dépens d'une de ses amies, le code confidentiel d'une carte à puces de France Télécom. Après 13 jours de communications passées aux quatre coins du monde, la facture de la victime s'allongeait sur 122 pages et totalisait un montant de 246 474,62 euros (approximativement 400 000 dollars). Après cela, qui osera dire que les femmes ne parlent pas beaucoup au téléphone?

Sur téléphone rose pour une erreur de pages jaunes

Une Australienne a été bombardée pendant plusieurs mois d'appels très suggestifs sur son téléphone cellulaire, avant de découvrir que son numéro figurait par erreur dans une rubrique de téléphone «rose». Lisa Addenbrooke a commencé un jour à recevoir des appels commençant par «Peux-tu enlever tes vêtements?» ou «Quel genre de soutien-gorge portes-tu?». «Au début, j'ai pensé à une plaisanterie. À la fin, j'en ai eu vraiment, vraiment assez», a-t-elle confié à l'agence de presse australienne AAP. La femme a finalement découvert que son numéro était recensé dans une publicité des pages jaunes pour un service de strip-tease par téléphone. «Ce genre d'erreur est vraiment très rare. [...] C'est une très grande préoccupation pour nous», a déclaré une porte-parole de l'éditeur des pages jaunes.

Compter les moutons pour s'endormir ne sert à rien

À en croire une très sérieuse étude de l'université anglaise d'Oxford, les insomniaques ont intérêt, pour retrouver le sommeil, à penser à une scène agréable et reposante pour l'esprit plutôt que de compter d'improbables moutons. Les chercheurs d'Oxford suggèrent ainsi à ceux qui ont du mal à tomber dans les bras de Morphée de penser à une chute d'eau ou à une plage tranquille. «Imaginer une scène plaisante use plus de neurones que l'image très éculée des moutons. En plus, il est alors plus facile de se concentrer dans la durée, du fait qu'une telle vision est bien plus intéressante que de vulgaires sauts de mouton», souligne le chercheur dans la dernière édition de la revue *New Scientist*. Il a testé sa méthode auprès d'un échantillon d'une cinquantaine d'insomniaques, et ceux qui ont trouvé les premiers le sommeil affirment avoir pensé à des scènes reposantes plutôt que d'avoir compté des moutons. Faut vraiment avoir du temps à tuer pour faire une telle recherche...

Chéri, tu rougis!

Des chercheurs de Rochester, dans le Minnesota, ont mis au point un nouveau type de détecteur de mensonges, pouvant déceler la moindre rougeur sur le visage des menteurs, et dont l'usage pourrait se généraliser, notamment dans les aéroports. L'appareil, développé par un groupe de scientifiques de la clinique Mayo, est équipé de caméras thermiques haute définition qui traquent les afflux de sang sur le visage des personnes soumises à interrogatoire. En théorie, de brusques afflux de sang se produisent autour des yeux des menteurs, explique le chercheur James Levine. L'expérience, au cours de laquelle des cobayes ont été désignés de façon aléatoire pour poignarder un mannequin et lui dérober 20 dollars, a été couronnée de succès, le nouveau détecteur se révélant à la hauteur de la technique très lente utilisée jusqu'ici. L'appareil a permis de confondre 75 % des menteurs et a confirmé l'innocence de 90 % des cobayes, qui n'avaient pas été informés des violences endurées par les mannequins. Si cette technologie, comme bien d'autres, se répand chez les consommateurs, bien des hommes devront trouver d'autres explications à leurs retards que leur sempiternel «travail au bureau»...

Un nudiste en quête de sensations fortes

Un adepte américain du naturisme intégral revendique un record: avoir parcouru au volant, dans le plus simple appareil, 24 400 kilomètres sur les routes américaines, en une année. Dave Wolz, 47 ans, a relaté sa performance dans un courrier électronique adressé à son journal local du Midwest, le *Des Moines Register*, dans lequel il affirme avoir effectué nu la plupart de ses trajets pour se rendre à des tournois d'échecs, dont il est friand. L'homme a été repéré à plusieurs reprises alors qu'il doublait des automobilistes, qui l'ont signalé à la police. Mais il a toujours réussi, ou du moins jusqu'à présent, à échapper à l'arrestation. Une seule fois, un policier lui a demandé de stopper son véhicule en plein jour en raison d'un problème... d'éclairage! «Le fait de me voir nu au volant ne l'a pas gêné le moins du monde et il était même plutôt amusé lorsque je lui ai fait part de mes intentions», a confié cet adepte de sensations fortes. Un type qui mérite vraiment le terme de «nu-vite»!

Monsieur et madame: des goûts différents

Au lendemain des fêtes de Noël, des femmes se pressent dans les grands magasins parisiens pour aller échanger les dessous sexy que leur mari ou amant a déposés sous le sapin. «On ne fait que ça depuis Noël!», déclare la chef du rayon lingerie des Galeries Lafayette. Nombreuses sont les femmes revenues simplement changer leur cadeau pour une autre taille, racontent les vendeuses, tandis que pour d'autres, c'était plutôt une question de goût. «Les maris, c'est impulsif. Ils achètent des strings en dentelle ou des porte-jarretelles, souvent rouges ou noirs», explique l'une d'elles. «Ensuite, les femmes reviennent et les échangent contre des choses plus classiques, plus faciles à porter, des dessous noirs, blancs ou couleur chair.» Même son de cloche au Printemps et à la Samaritaine, deux autres grands magasins, où l'on souligne que les femmes préfèrent souvent le confort au côté sexy. «Les hommes choisissent une lingerie très sexy, comme de la dentelle, des choses typiquement féminines, alors que les femmes préfèrent des dessous confortables, faciles à entretenir», dit une vendeuse, chargée du département lingerie au Printemps. «Les hommes sont attirés par tout ce qui est sexy, rouge, noir ou transparent, tandis que les femmes sont plus traditionnelles dans leurs choix», estime pour sa part la responsable des ventes lingerie à la Samaritaine. Comme tous les autres produits vendus dans ces grands magasins, la lingerie peut être remboursée ou échangée contre tout autre objet à condition qu'elle n'ait pas été portée. Dans la plupart des cas, les femmes tentent de faire plaisir à leur conjoint et échangent leur cadeau dans le rayon de la lingerie, mais il arrive aussi qu'elles désirent quelque chose de tout à fait différent. «Un morceau de lingerie de luxe coûte dans les 180 euros (280 dollars). Avec cette somme, certaines femmes préfèrent un bon d'achat pour des disques, des livres ou même des ustensiles de cuisine», confie une autre vendeuse, ajoutant qu'une femme est même venue échanger de la lingerie contre un plat à dessert, car elle trouvait cela plus utile! Peut-être cette femme préférait-elle garder son homme par l'estomac!

Un père Noël tendance

Le sourire indélébile et le charme débonnaire du père Noël font du vieil homme le grand vainqueur d'un sondage de l'institut Zogby, sur les fantasmes des Américains. La plupart des personnes interrogées l'imaginent arborant jeans et tee-shirt lorsqu'il raccroche sa hotte et son costume rouge pour le reste de l'année, nous apprend cette étude. Mis à part le traditionnel *Vive le vent d'hiver*, les Américains interrogés l'imaginent écoutant plutôt de la musique classique ou du «easy-listening» que du jazz ou du rock, de la même façon qu'ils se le figurent plus vraisemblablement au volant d'un 4x4 ou d'une camionnette tout-terrain, une fois remisé son traîneau. Près de 43 % des sondés voteraient pour lui s'il était candidat indépendant à une élection plutôt que républicain ou démocrate. Enfin, l'acteur comique John Goodman serait le plus à même de le remplacer dans le cas où il choisirait de prendre sa retraite, apprend-on par cette étude réalisée auprès de 1 043 Américains qui y croient encore. Vous avez bien lu: qui y croient encore!

Snowboard en sous-vêtements

Une Autrichienne en mal de commanditaires pour une compétition de *snowboard* (planche à neige) a décidé de concourir sans combinaison et de s'élancer sur la piste vêtue d'une simple culotte et d'un soutien-gorge. «N'ayant pas de commanditaire pour m'offrir une combinaison, je n'avais pas d'autre choix», a expliqué Sabrina Blassnig, 31 ans, qui a déjà remporté une course de Coupe du monde. La téméraire jeune femme a ainsi arboré ses plus beaux sous-vêtements pour braver le froid lors de la compétition, qui se déroulait à Laax, en Suisse. L'histoire ne dit pas si elle a trouvé un commanditaire après la course...

Un couple taïwanais gagne six voitures en huit jours

Un couple taïwanais a gagné six voitures de sport en huit jours, au cours d'un tirage au sort organisé dans un centre commercial de Taipeh. L'homme d'affaires Hsu Cheng-Tao et son épouse ont gagné ces six véhicules, d'une valeur de 430 000 dollars taïwanais (15 000 dollars) chacun, après avoir consacré près de quatre millions de dollars taïwanais (150 000 dollars) à l'achat de nouveaux meubles dans ce centre commercial. «Ils ne pouvaient pas croire qu'ils étaient si chanceux! À présent, ils n'espèrent pas en gagner une autre», a expliqué la porte-parole de Core Pacific City Living Mall, le centre commercial qui avait mis 100 voitures en jeu au total à l'occasion de son inauguration. Le chi devait bien circuler pour eux!

Porno boursier en Australie

Un site Internet australien, Market Wrap Unwrapped (www.marketwrapunwrapped.com), propose des commentaires de la Bourse énoncés par deux jeunes femmes dévêtues. Ce site prévoit offrir chaque jour 20 minutes d'informations boursières distillées par de jeunes beautés dans leur plus simple appareil, par exemple Cindy, «fille de ministre» selon sa biographie présentée en ligne, ou Georgie, mannequin surtout connue des lecteurs du magazine *Penthouse*. «Ce ne sont pas des conseils financiers, mais seulement de l'information», a expliqué le patron de la société, Sam Ruddock. «Cela ressemble à du porno boursier, mais c'est plutôt sage, quoique réservé aux adultes». À peine quinze jours après son lancement, le site avait déjà enregistré 15 000 pages vues. Pour 9,95 dollars par mois, les abonnés peuvent suivre les commentaires affriolants sur les marchés, voter pour de la lingerie fine ou même se voir proposer en ligne des rencontres avec les jeunes femmes.

Le mort était (trop) gros

Les pompiers de Palerme, en Italie, ont dû recourir à une grue pour retirer de son appartement le cadavre d'un homme pesant 310 kilos. Une équipe de 30 personnes a été mobilisée pour déposer le défunt, mort à 31 ans, dans un cercueil spécial mesurant deux mètres de large, pour ensuite sortir le cercueil par une fenêtre de l'appartement puis le placer sur un camion plate-forme qui a fait route jusqu'au cimetière. Est-il vraiment nécessaire de préciser que l'homme était mort d'une crise cardiaque?

Une annonce officiellement non sexiste!

Père Noël ou mère Noël? Là est la question. Une offre d'emploi pour devenir père Noël a été retirée par une agence de recrutement qui la considérait comme sexiste. Après avoir tenté de placer une annonce demandant un homme prêt à divertir des enfants comme père Noël, le magasin Trago Mills, à Liskeard, dans le sud-est de l'Angleterre, s'est vu dire par Employer Direct qu'il ne pouvait proposer une annonce destinée aux hommes spécifiquement. Le propriétaire du commerce, Bruce Robinson, a donc dû y apporter quelques modifications. «La personne, si c'est une femme, devrait avoir a) une voix grave, b) une moustache, c) un gros ventre et d) une poitrine peu discernable». L'offre a finalement été acceptée, mais il n'est pas sûr que les femmes apprécient ce transfert du sexisme à la discrimination physique.

La vengeance est douce au cœur de la belle-mère

Crime

Une grand-mère australienne a commencé à purger une peine de prison à perpétuité pour avoir assassiné et dépecé son compagnon au cours d'une orgie cannibale. Ancienne employée des abattoirs, Catherine Knight a frappé son ami, John Price, d'au moins 37 coups de couteau ; elle a entièrement enlevé sa peau avant de cuisiner sa tête en ragoût pour la servir aux enfants du malheureux. En prononçant la sentence, le juge de la Cour suprême de Nouvelle Galles du Sud, en Australie, a déclaré que Knight n'avait eu «aucune pitié» lorsqu'elle a attaqué son partenaire après avoir, semble-t-il, fait l'amour avec lui. Le juge a également précisé que Knight, qui a travaillé au découpage de la viande dans des abattoirs, avait retiré la peau de Price avec tant d'expertise que les parties recouvrant le visage, les oreilles, le cou, le torse, les organes génitaux et les jambes étaient restées d'un seul tenant. «Certains morceaux de Price ont été ensuite amenés à la cuisine. Elle a préparé des légumes puis les a fait cuire avec la tête pour préparer un ragoût répugnant. Des tranches de viande ont ensuite été entourées de légumes dans des assiettes, laissées à l'intention du fils et de la fille de son compagnon pour leur dîner, accompagnées d'un mot vengeur», a-t-il déclaré à la cour. La folie de Knight, a expliqué le magistrat, venait du fait que Price voulait rompre après six ans de vie commune et refusait de partager leurs avoirs, notamment la maison, qu'il souhaitait conserver pour ses enfants. C'est vraiment ce que l'on appelle une séparation.

L'armée américaine menacée par l'obésité

Santé

L'armée américaine souffre de l'obésité de ses recrues masculines, a déclaré un expert lors d'une réunion de l'Association américaine pour la lutte contre l'obésité. Malgré la rigueur des entraînements et la régularité des exercices, 54 % des membres du personnel militaire souffrent de surcharge pondérale, et 6,2 % sont carrément obèses, selon le Dr Richard Atkinson, qui enseigne à l'Université du Wisconsin. «Est-ce que l'obésité affecte les performances militaires? La réponse est oui, d'une certaine manière», a dit Atkinson, président de l'Association. «Les soldats obèses sont plus sujets aux risques des chocs thermiques. Certaines études ont aussi été faites sur les blessures affectant les muscles et les os, et elles montrent des blessures plus fréquentes chez les personnes trop maigres ainsi que chez les obèses.» Sur l'ensemble de la population des États-Unis, les femmes sont plus sujettes à l'obésité que les hommes, mais la proportion s'inverse dans l'armée, a noté Atkinson. Il a cité une étude faisant état de 58,6 % d'hommes atteints d'excès de poids dans l'armée, contre 26,1 % de femmes. Ce n'est donc pas pour rien qu'on parle d'une «grosse armée»!

Il achète 4 000 billets pour être seul avec la chanteuse!

Arts et spectacles

Une chanteuse de variétés serbe, Goca Trzan, a chanté devant un seul spectateur dans la principale salle de concert de Belgrade : un fan avait acheté les 4 000 billets pour lui tout seul, pour lui demander sa main. Goca Trzan a été «stupéfaite de ne voir personne dans la salle sauf un seul homme, assis au vingtième rang du centre Sava», a expliqué son agent, précisant que l'homme avait déboursé

40 000 marks (32 000 dollars) pour acheter tous les billets. Dans un premier temps, la chanteuse a refusé de chanter devant une audience aussi réduite, puis, convaincue par son agent, elle a chanté durant deux heures, pleurant parfois entre les chansons. Au milieu du spectacle, elle est allée voir son unique spectateur, dont le nom n'a pas été révélé. Celui-ci, un riche homme d'affaires serbe travaillant à l'étranger, lui a baisé la main, lui a proposé de l'épouser, lui a offert 101 roses, une alliance et un aller simple pour Genève, là ou il réside. L'anecdote ne précise pas si la chanteuse a dit oui.

Big Brother rend fou

Un participant à l'édition polonaise de *Big Brother* a été victime d'une crise qui lui a valu son transfert dans un hôpital psychiatrique. Le jeune Irek Grzegorczyk, jusque-là favori du public grâce à sa personnalité haute en couleurs, «a eu une crise nerveuse due à une accumulation de stress causée par sa participation à l'émission» diffusée sur la chaîne privée TVN, a indiqué Mun, porte-parole des producteurs, avant d'ajouter: «Irek n'a pu s'entendre avec le groupe et il s'est mis à casser de la vaisselle après avoir appris qu'il était pressenti pour quitter la maison de Big Brother. Ses nerfs ont lâché.» Le jeune homme, qui est resté en observation à l'hôpital pendant quelques jours, pourrait maintenant demander une indemnisation aux producteurs de l'émission. «Il est difficile de dire dans quelle mesure la participation à une émission de téléréalité peut engendrer une maladie mentale. Tous ceux qui s'y joignent doivent toutefois savoir qu'ils seront exposés à un très haut niveau de stress», a affirmé la psychiatre polonaise Malgorzata Janiszewska.

Le crime paie

Crime

Près de 1 000 Colombiens ont touché le gros lot d'un récent tirage de la loterie régionale en jouant le numéro de la plaque minéralogique d'une voiture piégée dont ils avaient pu voir les images à la télévision. Selon le directeur d'une chaîne de bureaux de Paris dans la province Norte, de Santander, un gagnant sur cinq avait parié sur la plaque de la Renault, VEN-311, que des rebelles marxistes de la FNARC venaient de faire sauter à la dynamite. «J'ai vu une voiture piégée et j'ai rempli mon ticket», a confirmé une gagnante à la télévision locale. Les chanceux ont empoché environ 350 dollars, soit trois fois le salaire mensuel moyen colombien. Ce n'est pas la première fois que des Colombiens doivent leur bonne fortune à des attentats. Deux semaines auparavant, les habitants de la même province avaient gagné en jouant, cette fois, le numéro de plaque d'un autobus ayant explosé. Un comble, tout de même: des marxistes qui font gagner à la loterie!

Des prostituées accordent un rabais aux étudiants

Insolite

Les prostituées d'une ville du centre de la Chine, soucieuses d'élargir leur clientèle, ont entrepris de faire paraître des encarts publicitaires proposant des réductions aux étudiants. «Il est vraiment choquant que l'industrie du sexe puisse aller jusqu'à préconiser des prix pour les étudiants», écrivait le *Quotidien de la jeunesse chinoise* en réaction à cette publicité inhabituelle. Le journal soulignait, entre autres, que les étudiants d'une université de Wuhan, dans le centre du pays, s'étaient vus proposer des «massages thaïlandais» au prix imbattable de 30 yuans (5 dollars). Des affichettes collées dans les vitrines des salons de coiffure et des discothèques situées dans les environs de l'université vantaient les mérites de ces «massages thaïlandais» à des étudiants déjà parfaitement au courant. «Mais ces jeunes, ajoute le journal, ne sont pas encore assez mûrs pour se restreindre, et cette activité risque donc de ruiner la carrière de nombre d'entre eux.» Et de demander aux autorités de prendre rapidement des mesures contre l'industrie du sexe. Sans compter que tout ça rend sourd!

Difficile lendemain de veille

Comme beaucoup de gens après une nuit d'ivresse, Gary Carter s'est écroulé de sommeil. À la différence que lui a choisi de s'endormir à 7,5 mètres de hauteur... dans un arbre! Malgré tous leurs efforts, les pompiers de Trimdon, dans le nord de l'Angleterre, n'ont pas réussi à le réveiller pour le faire descendre de son arbre, près du pub The Red Lion. Ils ont finalement dû se résoudre à appeler leurs confrères du sauvetage en montagne. «Il ne s'est pas réveillé durant tout le temps que nous avons été là, même lorsque nous avons utilisé une corde pour le soulever et le descendre au sol, et même lorsque nous l'avons mis dans une civière pour le transporter à l'hôpital», a expliqué le porte-parole de la brigade Stuart Guthrie, qui a ajouté: «Je travaille dans cette brigade depuis 34 ans et c'est la première fois que je vois ça!» Carter, qui a finalement trouvé une chambre à l'Hôpital universitaire de Nord Tees, a confié qu'il ne se souvenait pas d'avoir quitté le Red Lion et qu'il n'avait «aucune idée de la façon dont il s'était retrouvé là-haut». Il devrait peut-être poser sa candidature au Cirque du Soleil...

L'OMC, cible du cyber-terrorisme

Des pirates informatiques ont créé un site Internet en tout point identique à celui de l'Organisation mondiale du commerce (OMC), à la différence près qu'il en ridiculise les têtes pensantes et qu'il dénonce le capitalisme. «Un faux site de l'OMC a été créé pour tromper les internautes en copiant intégralement le vrai site de l'OMC. [...] Les textes ont été dénaturés», a confirmé l'Organisation dans un communiqué. Ajoutant à la confusion, les pirates ont même copié cette mise en garde sur la page d'accueil de leur avatar. Dans le sommaire du faux site, on trouve des chapitres sur «Les origines de la mondialisation», «La paix mondiale», «La guerre mondiale» et «La résistance mondiale», que les auteurs annoncent «pour bientôt». L'adresse du faux site, www.gatt.org, est l'acronyme du General Agreement on Trade and Tariffs (GATT), l'organisme que l'OMC a remplacé en 1995. Selon le moteur de recherche sur Internet Google, gatt.org appartient à RTMark, une communauté virtuelle soutenant «le sabotage ou l'altération de produits de marque» pour «améliorer la culture».

Quand les bombes ressemblent aux rations alimentaires

Soucieux d'éviter une confusion fâcheuse, les États-Unis assortissent désormais leurs largages de rations alimentaires aux civils afghans d'une mise en garde leur demandant de bien les distinguer des... bombes à fragmentation! Cet avertissement, diffusé par radio en langues pachtoune et farsi, dit en substance: «Message destiné au peuple afghan – comme vous le savez peut-être, le partenariat des Nations largue des rations quotidiennes de vivres de couleur jaune. Elles ont la forme d'un carré et sont enveloppées dans du plastique. Elles contiennent plein de vitamines, de la nourriture "halal" préparée selon les préceptes de l'islam», proclament les Américains. «Loin de chez vous, nous larguons aussi des bombes à fragmentation. Bien que ce soit improbable, il se peut que toutes ces bombes, de couleur jaune et de forme cylindrique, n'explosent pas en touchant le sol. [...] S'il vous plaît, s'il vous plaît, faites preuve de la plus grande prudence en vous approchant de tout objet non identifié de couleur jaune dans des secteurs récemment bombardés.» Penser à une autre couleur pour les rations alimentaires aurait sûrement été trop simple...

J'habite à Llanfairpwllgwynggyllgogerych-wyrndrobwllllantysiliogogogoch...

Ce n'est pas un *bug* ni même une faute de frappe, c'est tout simplement le nom d'un village gallois. Le village se nomme : Llanfairpwllgwyngyllgogerychwyrndrobwllllantysiliogogogoch, ce qui donne tout bonnement «L'église de Sainte Marie dans le petit bois de noisetiers près du torrent rapide proche de la chapelle de Saint Tysilio de la grotte rouge». C'est pourtant simple, tout au moins pour Alan Jones, un des conseillers municipaux de la localité, qui exprime ainsi son mécontentement : «Les Anglais qui s'établissent dans sa commune s'intègrent mal et, affirme-t-il, ce serait plus facile s'ils en prononçaient correctement le nom.» Et d'ajouter : «Si les gens pouvaient prononcer le nom correctement, cela prouverait leur bonne volonté.» Certains habitants locaux, des Gallois pure souche, affirment pourtant que quelques consonnes ont été ajoutées ici et là au nom de leur localité, juste pour embêter les étrangers. «Je ne suis certainement pas anti-Anglais, a assuré Alan Jones. Beaucoup d'Anglais habitent ici et j'ai des amis anglais. Je dis juste que, dans leur intérêt aussi bien que dans celui de notre communauté, ce serait bien s'ils apprenaient notre langue.» Avec un nom de village de 58 lettres, les habitants s'enorgueillissent d'avoir le plus long nom de toutes les localités du Royaume-Uni et affirment, mais cela reste à démontrer, qu'il s'agit même d'un record mondial. Record mondial ou pas, un tel nom est quand même très profitable pour le village, qui reçoit en effet chaque année la visite de plusieurs milliers de touristes, qui se font photographier devant les panneaux d'entrée de la ville!

«Vous en donner toujours plus», un slogan à propos

Société

Une modeste mère de famille britannique a reçu un véritable cadeau de sa banque... et l'a refusé. Susan Anderson, secrétaire et mère célibataire de 51 ans, avait sollicité un prêt de 4 000 livres sterling (environ 9 000 dollars) pour rembourser ses dettes. Après avoir accepté son dossier, la banque Halifax lui a envoyé un chèque de près de huit millions de livres. «Au début, j'ai pensé que c'était 8 000 livres, le double de ce que j'avais demandé. Puis je l'ai relu et j'ai vu ce chiffre qui semblait ne jamais finir», a déclaré la femme. Elle a immédiatement averti sa banque de l'erreur et a reçu quelques jours plus tard un nouveau chèque, portant le bon montant. Ironie du sort, le slogan publicitaire de la banque Halifax est «Vous en donner toujours plus». Un porte-parole de la banque a (naturellement!) expliqué qu'il s'agissait d'une erreur informatique.

Voyeurisme à la mode

Pour les New-Yorkais, «rencontrer une personne et plus si affinités» n'est plus seulement une affaire de chance depuis que s'est ouvert le bar Remote Lounge, près de East Village, à Manhattan. Une centaine d'écrans, 60 mini-caméras, des joysticks, un peu de messagerie instantanée et une dose de voyeurisme permettent aux clients de l'établissement d'observer discrètement une autre personne ou un couple, voire d'entamer une conversation à distance. Les consoles de «cocktail» peuvent se dédoubler et permettent aux clients de contrôler n'importe laquelle des 60 caméras à l'aide d'un joystick. Les mini-caméras assurent une chose : le fait d'être épié dans ses moindres mouvements. «Une sorte de version légale du voyeurisme», a expliqué un étudiant de l'université de New York. «Il est amusant, dit-il, que l'image soit en noir et blanc ou en couleur mais granuleuse. Les personnes y paraissent plus jolies qu'elles ne le sont en réalité, car cela masque les défauts et les rend plus séduisantes.» «L'un des avantages de toute cette technologie est qu'elle permet de briser la glace», a précisé Kevin Centanni, l'un des propriétaires du Remote Lounge. «Nous voyons des gens aller à la rencontre d'autres gens qu'ils n'auraient pas accostés et avec lesquels ils n'auraient pas discuté dans un bar en temps normal. Ils peuvent utiliser les consoles pour jouer, rencontrer des gens ou flirter.» Super Mario et princesse Daisy, tendance mode?

La maladie du charbon?
Les ménagères ont la solution!

Il suffit de repasser une lettre avec un fer à vapeur et un morceau d'étoffe humide pour éliminer d'éventuels bacilles du charbon, affirme un spécialiste du bioterrorisme.

Ken Alibek, ancien chercheur soviétique vivant aujourd'hui aux États-Unis, a révélé cette méthode devant une assistance médusée lors d'une réunion organisée par le Congrès américain. «Repassez vos lettres», a-t-il répété, précisant qu'un passage au four à micro-ondes ne serait pas aussi efficace et que l'humidité était un facteur essentiel, les spores résistant à une chaleur sèche. Ceux qui tentaient de vendre des gadgets à prix d'or en ont pris pour leur rhume!

Les cellulaires effraient les fantômes

Les téléphones cellulaires font fuir les fantômes, affirme un spécialiste britannique de l'occultisme. Les témoignages d'apparition de fantômes ont commencé à diminuer lors de l'introduction des premiers téléphones cellulaires, il y a une quinzaine d'années, a déclaré Tony Cornell, de la Société de recherche en parapsychologie. «Les apparitions de fantômes sont restées constantes pendant des siècles et, il y a trois ans, nous recevions encore deux nouveaux signalements de fantômes par semaine», a-t-il expliqué. «Mais avec l'introduction des téléphones cellulaires, il y a 15 ans, ces témoignages ont commencé à diminuer, à tel point que nous n'en recevons plus du tout». Les phénomènes paranormaux, que certains spécialistes attribuent à une activité électrique particulière, seraient perturbés par les émissions des combinés mobiles. Les sites «hantés», qui attirent de nombreux touristes en Grande-Bretagne, pourraient même être menacés si les portables continuent à se multiplier, écrit le *Sunday Express*, qui relatait ces propos. On comprend les fantômes de fuir ces sonneries incessantes...

Une cure de désintoxication à rabais

Société

Dans une double tentative de se défaire de l'alcoolisme et de tromper la justice, un Suédois a remplacé un de ses amis au tribunal et a écopé, à sa place, d'un mois de prison pour conduite en état d'ivresse. Mais l'homme, âgé de 51 ans, a été découvert au bout de deux semaines. «Je voulais aller en prison pour m'arrêter de boire pendant quelques semaines», a-t-il dit au journal qui le cite. «Mon ami ne croyait pas que ça marcherait. Il a accepté de me laisser essayer. J'ai emprunté ses papiers et je me suis présenté à la prison sous son identité», a-t-il ajouté. Le faussaire a été inculpé pour parjure et usurpation d'identité. Il pourra maintenant arrêter de boire sous son nom!

Les emails de la panique

Technologie

Les frappes aériennes anglo-américaines contre l'Irak ont déclenché en Grande-Bretagne, allié privilégié de Washington, un torrent de emails (courriers électroniques) généralement présentés comme des conseils amicaux sur le risque de menace de représailles terroriste. La police a indiqué que, depuis que les premiers missiles ont touché le sol irakien, des milliers de Britanniques ont reçu des avertissements, par téléphone ou par courrier électronique, évoquant des groupes occultes qui seraient sur le point d'attaquer leur ville. Le signal est généralement donné par «l'ami d'un ami» à qui un mystérieux Arabe aurait conseillé de rester chez soi à l'abri du danger dans les jours suivants. Cet inconnu a été rencontré dans un bureau de poste, dans la file d'une station-service ou encore dans des grands magasins londoniens chics, comme Harrod's ou Harvey Nichols. Quel que soit le lieu, l'histoire reste invariable: un inconnu bien informé récompense une gentillesse, par exemple une ristourne accordée par un vendeur, en informant la personne, de manière apparemment sereine, que la fréquentation d'un certain lieu du centre-ville ou des transports en commun est hautement risquée. Après avoir hésité sur la conduite à adopter, la police a finalement décidé de ne pas diffuser d'avertissement particulier à la suite de ces messages, afin de ne pas alimenter le climat de panique. Légende urbaine, quand tu nous tiens...

La reine Elisabeth partage son bain avec un canard

La reine Elisabeth partage son bain avec un canard en plastique jaune, certes, mais il est affublé d'une couronne gonflable, a rapporté un quotidien britannique. Amusés, les domestiques de Buckingham Palace ont surnommé le palmipède «l'héritier» à cause de son couvre-chef. Les habitudes intimes de la reine ont été révélées par un peintre qui a officié dans la salle de bains de la souveraine. Il a naturellement requis l'anonymat. «J'ai failli dégringoler de mon échelle quand j'ai vu ce canard jaune coiffé d'une couronne», a-t-il assuré. «Je suppose que ses petits-enfants le lui ont offert pour la taquiner. Au moins prouve-t-il le grand sens de l'humour de la reine», a-t-il ajouté. «Nous ne faisons jamais de commentaires sur les effets personnels de la famille royale», a déclaré quant à lui un porte-parole de Buckingham Palace. De toute façon, les rumeurs coulent sur eux comme l'eau sur le dos d'un... canard!

Identification numérique des pénis

Irrité par le taux élevé d'accidents (de 15 à 20 % en moyenne), le ministère indien de la Santé a lancé une étude scientifique pour fabriquer des préservatifs plus conformes à la morphologie masculine. Selon le journal *Indian Express*, sept centres installés dans tout le pays feront appel à des volontaires pour mesurer, au moyen de caméras numériques, la longueur et la largeur moyennes des pénis en érection. Actuellement, une seule taille standard de préservatif est proposée en Inde, le deuxième pays le plus peuplé au monde (plus d'un milliard d'habitants) après la Chine. Ce projet coûtera environ 30 000 dollars aux pouvoirs publics, qui contrôlent les lois imposées aux fabricants de préservatifs. Le modèle unique proposé aujourd'hui respecte les critères de taille établis par l'Organisation mondiale de la santé (OMS) et l'Organisation internationale des standards. Les Indiens auraient-ils un «secret» que nous ne connaissons pas?

Police de caractère raciste?

Tapez les initiales majuscules de New York dans un traitement de texte en utilisant la police de caractères WingDings, et vous verrez apparaître successivement une tête de mort et une étoile de David, signe de fidélité de Dieu envers le peuple d'Israël. Raciste, la police de caractère? Non, cette coïncidence, connue depuis 1992, est totalement fortuite; elle est due aux combinaisons de correspondance entre les polices de caractère, soulignent les professionnels interrogés. Le logiciel Word, principal traitement de texte utilisé actuellement, fait apparaître ces associations entre lettres et symboles, mais cet enchaînement apparaîtrait aussi bien dans d'autres traitements de texte, souligne l'éditeur de Word, le géant américain Microsoft. «Nous sommes choqués de la récupération morbide et déplacée de cette coïncidence sur certains *newsgroups* Internet», a affirmé le directeur du marketing de Microsoft. Il rappelle que WingDings est une police de caractères destinée à des applications industrielles contenant des symboles, comme une tête de mort pour certains documents utilisés par les industries chimiques ou des flocons de neige pour les industriels de la réfrigération. Il existe aujourd'hui plusieurs dizaines de polices TrueType (permettant de voir sur l'écran une page telle qu'elle sera imprimée), et les combinaisons de caractères, en fonction notamment des langues utilisées, donnent facilement lieu à des associations plus ou moins bizarres, soulignent les éditeurs. Je n'ajouterai rien, je risquerais sans doute aussi de me faire traiter de raciste!

Un enterrement de vie de garçon finit au commissariat

Crime

Pour surprendre un futur marié, six de ses copains s'étaient déguisés en bandits cagoulés et armés de pistolets factices. Après avoir donné rendez-vous à leur ami dans une rue de la ville, ils ont simulé un enlèvement et ont fait monter leur ami dans une voiture sous la menace de l'arme. Arrivés quelques minutes plus tard dans un bar avec le futur marié pour «arroser» cette blague, ils ne pensaient certainement pas que des témoins qui avaient assisté à la fausse scène d'enlèvement avaient alerté la police. Les forces de l'ordre avaient entre-temps lancé les recherches, et c'est deux heures plus tard, en apprenant le trouble qu'ils venaient de causer, que les sept jeunes se sont présentés d'eux-mêmes au commissariat, où ils ont reçu un sévère rappel à l'ordre.

Évitez le stress : dites non au boss !

Vous souffrez d'excès de stress au travail ? Ne faites pas plus de 70 % de ce que votre patron vous demande ; telle est la prescription d'un psychiatre de Hong Kong. « Dites-vous que vous ne pouvez pas effectuer plus de 70 % de ce que votre patron requiert de vous, puisque vous ne pourrez jamais satisfaire complètement ses désirs », recommande Leo Chiu Pak-wang dans le quotidien *iMail*. « Les supérieurs hiérarchiques en demandent toujours plus, accroissant le stress des salariés, qui craignent déjà de perdre leur travail en ces temps économiques difficiles », constate-t-il. On est loin du 110 % !

Dieu existe, c'est statistiquement prouvé

Il y a 67 % de chances que Dieu existe. C'est du moins la conclusion à laquelle est parvenu Stephen Unwin, un ancien chercheur de l'université de Manchester qui travaille sur l'évaluation des risques dans l'Ohio, à partir de la théorie de Bayes (une formule vieille de 200 ans, qui sert à déterminer la probabilité d'événements, comme les pannes de centrale nucléaire, en calculant les divers facteurs qui peuvent affecter une situation). Le chercheur part du principe qu'il y a 50 % de chances que Dieu existe, puis prend en compte les preuves en faveur de ce postulat et celles en sa défaveur. La bonté, par exemple, constitue, selon Unwin, un élément positif ; les maux naturels, dont les tremblements de terre et le cancer, font quant à eux pencher la balance de l'autre côté. Unwin expose ces calculs inhabituels – il a même pris en compte les miracles – dans *The Probability of God : A Simple Calculation That Proves the Ultimate Truth* (La probabilité de Dieu: un calcul simple qui prouve la vérité ultime). L'ouvrage comporte un tableau des facteurs utilisés qui permet aux sceptiques de refaire eux-mêmes les calculs. Unwin déclare avoir voulu combler le gouffre qui sépare science et religion. L'existence de Dieu est selon lui moins une question théologique qu'une affaire de statistiques. Cela n'effraie cependant pas le *bookmaker* anglais William Hill, qui prend des paris sur le second avènement du Christ et dont la cote est présentement de 1 000 contre 1...

Après les affaires de pédophilie, les prêtres visent «l'élégance sobre»

Les scandales de pédophilie qui entachent l'Église catholique américaine ont des effets inattendus outre-mer. La maison néerlandaise Stadelmaier, productrice de vêtements ecclésiastiques, a dû fermer ses portes, son principal client, le clergé américain, n'ayant plus un traître sou pour s'offrir des soutanes dernier cri: les victimes d'abus sexuels réclament 100 millions de dollars à l'Église, et certains diocèses ont déjà versé des millions en indemnités. Autant dire qu'il ne reste plus grand-chose pour la garde-robe des prélats. Par miracle, toutefois, Stadelmaier s'est vu octroyer une nouvelle ligne de crédit. Économies obligent, la fabrication, cette fois, est sous-traitée en Roumanie. «L'amour du prochain, c'est bien beau, mais une entreprise ne peut pas en faire son mode de fonctionnement», confie le couturier Aart Stadelmaier. Ses dernières créations marquent un retour à «une élégance sobre et sans ostentation». Sur les étoles, des motifs sages ont remplacé les folles arabesques, et toute la collection est placée sous le signe de la «néohumilité», note la Süddeutsche Zeitung. Les prêtres grattant les fonds de tiroir? On n'aurait jamais imaginé ça...

Une fois, deux fois, trois fois...

Le mot le plus difficile à traduire au monde? Illunga. En tchiluba, langue parlée dans le sud-est de la république démocratique du Congo, cela désigne «une personne prête à pardonner un affront la première fois, à le tolérer une deuxième fois, mais pas une troisième». Ce vocable arrive en tête d'une liste dressée par plus de mille linguistes, à l'initiative de l'agence Today Translations. Quand on dit que la langue française n'est pas simple...

Surfer en... surfant!

Le sport est génial, les vagues sont géantes... Pourtant, vous ne pouvez pas passer une heure sans consulter vos courriers électroniques? Voici la planche de surf avec Internet intégré. Ce gadget conçu par Intel est doté d'un ordinateur à écran tactile et de panneaux solaires. Une antenne wi-fi permet d'accéder à la Toile, et une webcam intégrée, de capturer ces moments en mer. Ça, c'est ce qu'on appelle être accro!

Jésus-Christ, PDG

En Norvège, l'inspection du travail et l'éducation nationale s'intéressent de très près à l'école privée chrétienne fondamentaliste Skjaegård. L'établissement, financé à 85 % par l'État, enseigne le «parler en langues» (la langue mystérieuse considérée comme une manifestation du Saint-Esprit, dans laquelle s'expriment certains fidèles pentecôtistes et charismatiques en pleine extase religieuse). La direction compte deux personnes: le pasteur Glenn Rasmussen, directeur adjoint, et un certain... Jésus-Christ, directeur exécutif. Qui donc osera émettre un constat d'infraction à un tel PDG?

Des calculs anti-impérialistes

Extraits de manuels scolaires nord-coréens:

«En 2e année: sur un champ de bataille, douze enfants tirent sur un chacal d'Américain. Trois d'entre eux ratent leur tir: calcule combien d'entre eux ont visé juste.

En 5e année: Pendant la guerre de Libération de la Patrie, un soldat nord-coréen veut réduire en morceaux 87 Américains. Il en tue 51 et fait les autres prisonniers. Combien en a-t-il attrapé vivants?

En secondaire 2: Dans une ville de Corée du Sud occupée par des chacals d'Américains, 2 350 enfants ne peuvent fréquenter l'école. Un nombre X d'enfants travaillent comme cireurs de chaussures, et les autres doivent mendier pour manger. Si X = 1 578, combien d'enfants doivent mendier?»

Croyez-vous qu'ils aiment les Américains?

Finies les cartes privilégiées, voici la puce électronique!

Au Baja Beach Club de Barcelone, la carte VIP fait maintenant place à VeriChip, une puce électronique que l'on implante sous la peau. Avec elle, plus besoin de faire la queue ou de sortir sa carte de crédit, puisque cette puce permet aussi de payer les consommations. Pour 125 euros, un médecin vous injecte dans le bras une capsule de la taille d'un grain de riz, à l'aide d'une seringue hypodermique. Mais on ne dit pas combien il vous en coûtera le jour où vous déciderez de changer d'ambiance, la puce n'étant pas biodégradable.

Hôpital, hôtel ou prison?

Une mère de sept enfants est retenue enfermée dans un hôpital kényan pendant un an car elle ne peut payer sa note, qui s'élève à 6 000 shillings (122 dollars). L'établissement, qui facture sa réclusion forcée, lui réclame désormais 103 000 shillings (plus de 2 000 dollars). Ce genre de cas, rapporté par le *Mail & Guardian*, n'est pas rare au Kenya. Certes, le gouvernement kényan a promis d'introduire un système d'assurance sociale garantissant la gratuité des soins médicaux, mais on ne sait comment il entend financer ce projet. Et dire qu'on se plaint, au Québec, du régime d'assurance-maladie!

Et la gagnante est...

Cinquante jeunes femmes ont participé à l'élection de Miss Laideur, en Chine. L'heureuse gagnante, Zhang Di, 26 ans, attribue son succès à ses petits yeux, son nez plat et sa peau ingrate. Quel prix a-t-elle gagné? L'équivalent de 14 000 dollars en chirurgie esthétique.

Allo, docteur? C'est la voiture de...

Un inventeur américain vient de breveter un système électronique intégré au véhicule, qui surveille quotidiennement votre poids. Vous avez trop forcé sur le chocolat? Sur un écran, votre courbe de poids affiche un pic alarmant et un message vocal vous rappelle à l'ordre, et vertement («Vous avez trop mangé! Que cela ne se reproduise pas!») ou avec sollicitude («Oh! vous avez pris du poids! Qu'est-ce qui vous arrive?»). Pour vous aider à retrouver la ligne, le système vous propose même un choix de régimes et d'exercices physiques. Ceux qui ne peuvent s'empêcher de se goinfrer entreront le numéro de leur médecin; trop de kilos superflus, et la balance avertit leur médecin! Si toutes les voitures des Américains étaient équipées de ce gadget, parions que les services à l'auto fermeraient rapidement!

Finis les feux rouges!

Des feux toujours au vert, n'est-ce pas ce dont rêvent tous les conducteurs impatients? Voilà qui risque de les ravir: un système qui fait passer les feux rouges au vert grâce à un émetteur branché sur l'allume-cigare. Aux États-Unis, le MIRT (émetteur infrarouge mobile) est en principe réservé aux ambulanciers, aux pompiers et à la police, qui peuvent ainsi actionner à distance les feux de signalisation dotés de capteurs. Mais l'automobiliste ordinaire peut parfaitement obtenir le dispositif par Internet, où il est vendu aux alentours de 300 dollars (367 dollars canadiens). «Le MIRT n'émet aucun signal lumineux; vous pouvez donc contrôler le trafic sans risque, en vous fondant dans la circulation», clame un site. Les bricoleurs peuvent aussi acheter le produit en kit pour 100 dollars (122 dollars canadiens). Environ 26 500 intersections sont équipées de récepteurs de signaux MIRT aux États-Unis. Ajoutons que les chauffards pressés ont de beaux jours devant eux: les systèmes de cryptage sont hors de prix pour la plupart des agglomérations!

Xerox, cesse de copier sur ton voisin!

Société

Timberland a trois ans : il est trop jeune pour avoir honte de son prénom, mais sa mère est moyennement heureuse. «Son père voulait qu'on l'appelle comme ça parce que Timberland est sa marque de vêtements préférée. Autrement, il voulait Reebok», déplore cette infirmière de 32 ans, aujourd'hui divorcée. «Moi, j'aurais voulu l'appeler Kevin», ajoute-t-elle. Ce garçon n'est pas un cas exceptionnel, car avec leur passion des marques, les Américains ont de plus en plus tendance à donner à leurs enfants le nom de leurs fabricants favoris. Ainsi, en 2000, selon les derniers chiffres disponibles, 49 enfants ont été baptisés Canon, 11, Bentley, cinq, Jaguar et un Xérox. Il y a aussi eu une Gouda et une Bologna, nommées ainsi davantage en référence au fromage et aux saucisses qu'aux villes où sont fabriqués ces produits. Les marques étrangères sont de plus en plus prisées : les mères poules ont un faible pour Chanel, et plusieurs garçons ont été baptisés Camry, d'après le nom d'une voiture de Toyota. Pour Edward Callary, ancien président de l'American Names Society, les jeunes parents d'aujourd'hui se distinguent par leur volonté de se singulariser : «Plus nous sommes désignés par des chiffres – dans les codes postaux ou les relevés bancaires –, plus nous avons besoin de crier notre originalité à la face du monde.» Résultat : en 2000, 24 enfants ont été baptisés Unique. Petit problème en vue le jour où il y aura quatre Unique dans la classe!

Qui veut gagner un bébé?

Insolite

Cinq couples désespérément en manque d'enfants face à une adolescente enceinte, qui cherche à donner le sien, encore à naître... Prête à tout pour attirer le public, ABC a consacré l'un de ses magazines, *20/20*, à une émission très spéciale: Jessica, 16 ans, célibataire, devait décider quel couple allait adopter son futur enfant. «C'était comme si je jouais à Dieu», confia plus tard la jeune fille sur le site de la chaîne. Un texte consacré à l'émission, intitulée *Be my baby* (Sois mon bébé), proclamait fièrement que «les caméras de *20/20* étaient là en octobre 2003, quand la compétition pour le bébé de Jessica a commencé. Les cinq familles sont arrivées, une par une, à l'agence d'adoption. Chaque couple allait essayer de convaincre Jessica qu'il serait le meilleur pour accueillir son enfant.» À en croire ABC, cette exploitation – le gros lot de cette émission est quand même un bébé! – n'est pas de la télé-réalité. L'idée en a pourtant effleuré certains, dont l'un des aspirants pères, Tab Brown: «On disait en rigolant que c'était comme le Bachelor. Ce soir, tu restes ou tu sors.» Une femme qui confie être la mère biologique d'un enfant adopté a écrit à ABC pour dire qu'elle était «complètement écœurée. L'adoption est une chose douloureuse, chargée d'émotion, pas un jeu télévisé.» Où donc s'arrêtera la télé? ABC pourrait par exemple dénicher une personne à l'agonie et la mettre dans une pièce avec des patients en attente de transplantation d'organes...

Prenez la protection divine!

Les conducteurs russes peuvent prendre la route en paix grâce à une assurance auto leur garantissant la... protection divine. Une filiale de la compagnie d'État Rosgostrakh a en effet conclu une alliance avec l'Église orthodoxe pour que leurs souscripteurs bénéficient de messes à leur intention. Un office destiné aux assurés a déjà été célébré en la cathédrale Alexandre Fiodorov, qui n'a pas voulu divulguer le montant de la transaction. Les automobilistes ont aussi droit à un kit contenant une icône autocollante à

mettre sur le pare-brise, des cierges consacrés et un dé-
pliant leur expliquant comment bénir eux-mêmes leur
voiture. Du côté de la concurrence, on apprécie moyennement l'initiative. «Notre pays est multiconfessionnel.
En affaires, ce n'est pas correct de favoriser une religion
particulière», s'insurge le directeur de l'Union russe des
assurances. Même son de cloche chez Rousskimir: «On
se demande pourquoi l'Église se laisse exploiter de la sorte.
Et les musulmans, qu'est-ce qu'on va leur proposer?» Et
on dit que la foi n'est pas à vendre...

Voici la «machine à rêves»

Entrer dans une salle d'examen sans avoir rien préparé?
Marcher tout nu dans la rue? Ces cauchemars feront bientôt partie du passé. Takara, le numéro deux du jouet japonais, a en effet annoncé la création d'une machine
permettant de vivre de manière très réaliste, pendant la
nuit, vos fantasmes de la journée. Avant de retrouver leur
futon, les propriétaires du Yumemi Kobo, «L'Atelier des
rêves», doivent simplement regarder une photo représentant ce à quoi ils veulent rêver et enregistrer, avec
leurs propres mots, la façon dont leur rêve doit se dérou-
ler. L'appareil se met au travail dès qu'il détecte un mouvement rapide des yeux, signe que la personne est au
pays des songes, et associe l'enregistrement vocal à des
lumières, à de la musique et à des parfums pour orienter
le rêve en fonction des souhaits du dormeur. Celui-ci est
réveillé en douceur huit heures plus tard par un éclairage
tamisé et de la musique, afin que les souvenirs agréables
de la nuit ne se dissipent pas tout de suite. Takara, qui a
prévu de commercialiser le gadget dans quelques mois,
précise qu'il lui est impossible de garantir au client une
satisfaction totale. «Nous en sommes encore au stade de
l'expérimentation, que nous menons surtout avec des employés de l'entreprise», a précisé son directeur marketing,

Kenji Hattori. «Pour certains, le sujet était bon, mais le scénario ne collait pas; d'autres ont été réveillés par le bruit. Mais la machine a quand même fonctionné pour pas mal de gens.» L'atelier des rêves sera vendu 14 800 yens (170 dollars). O.K., ce n'est pas donné, mais combien donnerait-on pour passer les plus belles vacances du monde ou dîner en compagnie de l'homme ou de la femme de nos rêves?

Cancer de la bouche: qu'avez-vous fait hier soir?

Si la masturbation aide à prévenir le cancer de la prostate, la fellation et le cunnilingus peuvent causer des cancers de la bouche. Telle est la triste conclusion d'une équipe de l'université américaine Johns Hopkins. Les chercheurs, qui ont comparé 1 670 patients ayant un cancer de la bouche avec 1 732 volontaires sains, estiment que certains cas de cancers buccaux pourraient être causés par le virus du papillome humain, responsable d'une infection sexuellement transmissible. Ils ne préconisent toutefois pas de changement de comportement. Ce type de tumeur, en effet, est rarissime. Une personne sur dix mille seulement est touchée chaque année, et la majorité des cas sont probablement liés à d'autres plaisirs que les rapports oraux, notamment le tabac et l'alcool. Il reste que c'est un bon prétexte: «Chéri, tu sais que c'est dangereux...»

Que font les Thaïlandaises la nuit venue?

«User d'un cliché pour le dénoncer», c'est la démarche – risquée – de la campagne lancée par la Fondation suisse contre le racisme et l'antisémitisme (GRA). Une campagne qui «s'adresse à tous ceux qui, certes, ne racontent pas de blagues xénéphobes, mais ne se gênent pas pour en rire». La fondation GRA et l'agence Wirz Webung ont transformé en questions-réponses divers clichés et préjugés xénophobes. Tous ceux qui misent sur une chute à saveur raciste en seront pour leurs frais. Exemples: «Comment les juifs gagnent-ils leur argent? – En travaillant, comme tout le monde»; «Que font les Thaïlandaises la nuit venue? – Elles allument la lumière, comme tout le monde»; Que font les Noirs à midi avec leur femme? – Ils mangent, comme tout le monde.» «Face à la propagande électorale de certains partis, nous devons hausser le ton», explique Sigi Feidel, président de la fondation GRA. «Nous devons utiliser, comme eux, des moyens directs pour défendre nos valeurs et inciter chacun à réfléchir à son comportement.» L'opération a duré une quinzaine de jours avec la pose de 505 affiches en Suisse romande et alémanique et la diffusion de trois spots dans les cinémas et dans les gares. En passant, quelle est la différence entre un Suisse pauvre et un Suisse riche? Le Suisse pauvre doit laver sa Mercedes lui-même...

Ils ont du temps (et de l'argent) à perdre!

Comme chaque année, à Harvard, la remise des IG Nobel (lire en anglais «ignobles») a couronné les travaux «ne pouvant ou ne devant pas être reproduits». Le prix de médecine a été décerné à une équipe du University College de Londres ayant montré que les chauffeurs de taxi londoniens ont un hippocampe plus développé que celui de leurs concitoyens. (Cette partie du cerveau est associée au sens de l'orientation chez les oiseaux.) Kees Moeliker, du Natuurmuseum de Rotterdam, a remporté le prix de

biologie pour avoir documenté le premier cas de nécro-
philie homosexuelle chez le colvert: en l'occurrence, un
canard a été violé par un mâle pendant 75 minutes après
avoir percuté la façade de verre du musée. Ont également
été couronnés: l'université de Stockholm, pour son
rapport intitulé «Les poulets préfèrent les gens beaux», et
les créateurs de la loi de Murphy, également connue sous
le nom de «loi de l'emmerdement maximum»...

Simulateur de grossesse pour ados

Les collégiens d'un quartier défavorisé de Manchester, qui
connaît l'un des taux de grossesse précoce les plus élevés du pays, ont expérimenté les désagréments vécus
par les femmes enceintes en portant une combinaison les-
tée d'eau, qui comprend également une fausse poitrine
et simule une vingtaine de symptômes liés à la grossesse.
Une poche ventrale remplie d'eau permet ainsi aux ado-
lescents, notamment aux garçons, de se représenter le
poids du futur bébé et ses conséquences pour le dos. Des
boules de plomb y ont par ailleurs été insérées pour reproduire la sensation des membres du fœtus lorsqu'il
cogne contre la cage thoracique de sa mère, tandis qu'une
poche remplie de sable, située sous le ventre, appuie sur
la vessie. «J'espère que cela aidera les jeunes gens à se
rendre compte qu'il n'est pas toujours facile d'être enceinte», a expliqué une assistante sociale travaillant sur
ce projet. Et pourquoi ne pas leur faire jouer un CD de
pleurs et de cris de bébé pendant la nuit?

Centre de vacances XXL

Obèses, réjouissez-vous! Le Freedom Paradise, au sud de Cancun, au Mexique, est le premier complexe hôtelier conçu spécialement pour une clientèle d'obèses. Les lits mesurent quatre mètres carrés et leur structure est renforcée. Les douches sont munies de bancs et de poignées suspendues au mur. L'accès à la piscine est facilité par des rampes et des escaliers extra larges, et les peignoirs sont particulièrement grands. Les clients peuvent bronzer à l'ombre des cocotiers, sur des chaises longues de 1,20 mètre de large, ou surfer entre gros sans subir les regards des autres vacanciers. Est-ce cela qu'on appelle la ségrégation positive?

Un téléphone antimoustiques

Un son antimoustiques, tel est le nouveau service que propose à ses usagers l'opérateur de téléphonie mobile sud-coréen SK Telecom. Moyennant 3 000 wons (5 dollars), ceux-ci peuvent depuis quelques mois télécharger sur leur cellulaire une sonnerie quasi inaudible pour l'oreille humaine, mais censée repousser les insectes dans un rayon d'un mètre. Ce bruit, comparable à celui qu'émet le moustique mâle en rut, ferait fuir les femelles avides de sang. Bien qu'il vide prématurément les piles, ce système est promis à un bel avenir dans un pays aux étés chauds et humides.

Ça « sniffe » en Allemagne!

Une analyse récente effectuée sur les billets en euros dévoile des indices effrayants sur le nombre de consommateurs de cocaïne en Allemagne, ainsi que sur la circulation de l'argent. Il n'est presque pas un seul billet en euros allemand qui ne porte des traces de cette drogue, ont constaté les scientifiques de l'équipe de Fritz Soergel, de l'Institut de recherche biomédicale et pharmaceutique de Nuremberg. La contamination des billets de banque par la cocaïne, billets qui servent souvent à la prise de ce stupéfiant, semble s'être répandue comme une traînée de... poudre! Peu de temps après la mise en place de la nouvelle devise, en janvier 2002, on ne décelait des traces de ce genre que sur deux billets sur soixante-dix, rapporte M. Soergel. En août 2002, la cocaïne contaminait déjà neuf billet sur dix. Le degré d'imprégnation du papier aurait lui aussi progressé, poursuit M. Soergel. Sur les sept cents billets analysés, la contamination moyenne se situait aux alentours de 0,4 microgramme par exemplaire. Pour sniffer, les cocaïnomanes préfèrent, apparemment, les petites coupures: on a trouvé beaucoup moins de traces sur les billets de 100, 200 et 500 euros. Ces résultats viennent d'être publiés par les spécialistes de Nuremberg, qui les jugent «préoccupants», mais ils sont toutefois comparables avec ceux obtenus aux États-Unis. Révélateur, non? Imaginez qu'un policier vous interpelle ainsi: «Vos billets de banque, s'il vous plaît!»

Les «strays» arrivent!

Les strays? Ce sont des hommes «straight» (hétéros) qui se font passer pour des gais afin d'endormir la méfiance des femmes et de mieux draguer dans les bars. «Les filles adorent la compagnie des gais parce qu'elles veulent quelqu'un avec qui bavarder et rigoler sans se demander ce qu'il a derrière la tête», explique l'écrivain homosexuel Geoff Saunders. Selon lui, cette tactique est de plus en plus populaire depuis quelques mois. «J'ai vu des strays à l'œuvre à Glasgow, à Manchester, à Leeds, note-t-il. C'est la communauté gaie qui a forgé ce terme.» Pour Phil

Graham, jeans noirs ajustés et chaîne en or autour du cou, la méthode est payante. «Je ne prétends jamais ouvertement être gai, mais j'ai beaucoup plus de chances de réussir à coucher avec une femme quand je donne cette impression, soutient-il. Évidemment, c'est un peu bizarre de masquer ma virilité, mais c'est un sacrifice que je suis prêt à faire pour coucher avec elle.» Le phénomène a essaimé aux États-Unis et en Australie, indique l'écrivain Allan Pease, auteur de *Women Never Stop Talking*. «Mais cette méthode est vouée à l'échec, dit-il, car, partout dans le monde, ce que veulent les femmes, c'est un homme en qui avoir confiance.» Va falloir revoir les manuels de drague!

Anecdotes musicales

Lorsqu'on écoute une chanson, il est rare qu'on pense aux circonstances qui ont accompagné sa création ou son enregistrement. Pourtant, la «petite histoire» qui s'y rattache est parfois amusante et intéressante. Voici quelques récits à ce propos. Merci au responsable du site Anecdotes (http://www.chez.com/bnet/anecnotes/) pour ces... anecdotes.

Petit Papa Noël

1946. En écrivant une chanson pour une scène du film *Destins,* se passant à Noël, le parolier Raymond Vinci et le compositeur Henri Martinet étaient loin de se douter du... destin qui l'attendait. Vendu aujourd'hui encore à près de 100 000 exemplaires à chaque période des fêtes, le tube de Tino Rossi affiche plus de 28 millions d'exemplaires au compteur. Seul son équivalent américain, le *White Christmas* de Bing Crosby, dépasse ce chiffre de ventes.

Rock Around the Clock

1955. Enregistré tout d'abord par un certain Sonny Dae, la chanson *Rock Around the Clock* ne se vendra d'abord qu'à une centaine d'exemplaires. La version qu'en propose Bill Haley sera rejetée la même année par l'étiquette Essex, avant d'être produite par Decca sur la face B du disque *Shake Rattle and Roll*, qui sera un succès. C'est toutefois la sortie du film *The Blackboard Jungle* (Graine de violence) qui propulsera le titre au sommet des ventes. À la mort de Bill Haley, en 1981, *Rock Around the Clock* s'était vendue à plus de 20 millions d'exemplaires.

Le déserteur

1955. Quand «Monsieur le Président» devient «Messieurs qu'on nomme grands», quand «Prévenez vos gendarmes que j'emporte des armes et que je sais tirer» devient «Prévenez vos gendarmes que je n'aurai pas d'arme et qu'ils pourront tirer», les politiciens se sentent visés. Entre Indochine et Algérie, créée par Boris Vian, «adaptée» par Mouloudji, la chanson sera reprise par les Américains Peter, Paul and Mary pendant la guerre du Vietnam.

La foule

1957. Ce titre colle si bien au personnage d'Édith Piaf qu'on devine aisément qu'il a été écrit spécialement pour elle. Si les paroles ont bien été faites «sur mesure» par Michel Rivgauche (*sic*), la musique, elle, reprend une valse populaire d'Argentine et intitulée *Que nadie se pa mi sufrir*.

That'll Be the Day

1957. «Ce sera bientôt ton jour»: cette réplique de John Wayne dans le film de John Ford *The Searchers* impressionna tant Buddy Holly et son groupe, The Crickets, qu'ils en firent le titre de leur premier grand succès.

Milord

1959. Ce titre faillit ne pas voir le jour à cause d'un dépit amoureux. Son compositeur, Georges Moustaki, qui avait alors 24 ans, était le compagnon d'Édith Piaf. Se plaignant d'être délaissée par ce dernier, Piaf tenta de faire interdire la sortie de la chanson. Fort heureusement, il était déjà trop tard.

It's Now or Never

1960. Il faut remonter le courant des canaux de Venise jusqu'en 1901 pour trouver l'origine de cette chanson. C'est en effet l'Italien Eduardo Di Capua qui signa cette année-là le célébrissime *O sole mio*. Vingt millions d'exemplaires vendus pour le King!

Et maintenant

1962. C'est en s'inspirant du désespoir amoureux d'une amie que Bécaud, aidé par Pierre Delanoë pour les paroles, créa son plus grand succès. Reprise par plus de 50 interprètes français, la chanson fut découverte par les Américains en 1967, à travers la version instrumentale d'Herb Alpert. Jouée ou chantée par près de 200 artistes ou orchestres, allant de Frank Sinatra à Judy Garland, elle resta 37 semaines en tête du Billboard.

You've Lost That Loving Feeling

1964. Trois minutes et cinq secondes: c'est le chiffre qu'on peut lire sur l'étiquette à la sortie de la chanson des Righteous Brothers, qui dure en fait... quatre minutes! C'est le producteur Phil Spector qui avait eu l'idée de cette ruse, visant à ne pas rebuter les programmateurs de radio, qui détestaient les chansons trop longues.

Strawberry Fields For Ever et Penny Lane

1967. Ces deux chansons des Beatles sont des références à l'enfance de John Lennon et de Paul Mc Cartney, à Liverpool. La première fut inspirée par un orphelinat de l'Armée du Salut, et la seconde, par un quartier commerçant de la ville.

Let's Spend the Night Together

1967. Ce classique des classiques des Rolling Stones illustre bien le puritanisme américain: censuré par la plupart des radios américaines, *Let's Spend the Night Together* (Passons la nuit ensemble) devint, pour pouvoir passer au *Ed Sullivan Show*, *Let's Spend Some Time Together* (Passons un peu de temps ensemble).

Je n'aurai pas le temps

1967. Pour prévenir la tentation qu'ont quelquefois les radios d'écouter, voire de programmer les faces B, la maison de disques de Michel Fugain enregistra *Je n'aurai pas le temps* sur les deux faces du 45 tours.

Something Stupid

1967. Une demi-heure : c'est le temps record qu'établiront Nancy et Frank Sinatra pour l'enregistrement de cette ballade, qui sera, sans surprise, N° 1 aux États-Unis et en Angleterre.

Dock of the Bay

1968. Le 7 décembre 1967, Otis Redding entre en studio ; trois jours plus tard, son avion s'écrase dans un lac gelé du Wisconsin. *Dock of the Bay* deviendra ainsi le premier N° 1 posthume de l'histoire du rock.

L'Amour est bleu

1968. Vicky Léandros, fille d'un armateur grec, ne parvint à hisser cette chanson qu'à la quatrième place du concours de l'Eurovision 1967, pour le compte du Luxembourg. Après une vingtaine d'adaptations au succès pour le moins mitigé, c'est l'instrumentale qui décrochera la timbale :

cinq semaines en tête du Billboard, devant, entre autres, le *Hello Goodbye* des Beatles!

Comme d'habitude

1968. Rejetée deux ans plus tôt par Michel Sardou, qui la reprendra finalement sur scène dix ans plus tard, le titre composé par le duo Thibaut-Revaux ne décolle pas, même avec l'interprétation de Claude François, préoccupé à l'époque par le départ de sa copine France Gall et les difficultés de sa maison de disques, Flèche. Mais voilà que Paul Anka importe la chanson aux États-Unis, où il la soumet à Frank Sinatra, avec le succès que l'on connaît. *My Way* connaîtra plus de cent versions et plus d'un million de passages sur les radios américaines avant de devenir la chanson la plus diffusée dans le monde.

Hey Jude

1968. Ce titre des Beatles, de plus de sept minutes, restera en tête des palmarès américains pendant neuf semaines.

Angie

1973. La *Angie* qui a inspiré les Rolling Stones, c'est Angela Burnett, l'épouse de David Bowie, dont elle divorcera peu après, en lui laissant leur fils, Zowie, moyennant... un joli chèque.

Miss You

1978. Brigitte Bardot et Raquel Welch feront retirer leurs photos, qu'elles jugent désobligeantes, de la pochette originale

de l'album *Some Girls,* des Rolling Stones, ce qui n'em-
pêchera pas ce dernier, porté par le très disco *Miss You,*
d'atteindre les plus fortes ventes des Stones.

Quelque chose de Tennessee

1986. Cette chanson, signée Michel Berger et interprétée
par Johnny Halliday, fait référence non pas à l'État américain du même nom, mais à l'écrivain Tennessee Williams,
auteur, entre autres, de *Un tramway nommé désir.*

Saving All My Love for You

1986. Avec quinze millions d'exemplaires vendus partout
dans le monde, cet album de Whitney Houston deviendra
le record de vente de tous les temps pour un premier
33 tours. Il faut dire que la petite Whitney ne manquait
pas d'atouts : mannequin top-model, elle est la fille d'une
choriste d'Aretha Franklin et la cousine de Dionne Warwick.

Les bêtisiers

Dans le feu d'une conversation ou pris de court par une question, il arrive que certains perdent un peu pied et laissent fuser des propos... étonnants. Et attention, il n'y a pas que les jeunes élèves à qui cela arrive ! Comme vous le verrez dans les pages qui suivent, certains professionnels ne donnent pas leur place à cet égard. Ceux-là n'ont sans doute jamais entendu le dicton qui dit qu'il est préférable de tourner sa langue sept fois dans sa bouche avant de parler...

Le bêtisier du secondaire

Que non! L'école n'est plus ce qu'elle était! Jérémiades d'un «vieux»? Peut-être, mais pas sûr. Jetez un coup d'œil à ces quelques réponses à des questions pourtant toutes simples. Je n'ai pu m'empêcher de m'amuser à les commenter!

«Mais madame, pour faire 42, on peut pas faire 6×8?»

Non, on ne peut pas...

«Mais au fait, Molière, c'est le personnage de quelle pièce?»

Hum! Laisse tomber...

— Comment les poissons font-ils pour respirer?
— Ben, ils sortent de l'eau!

Sinon ils se noieraient peut-être!

«Et ensuite, il va tomber dans le coma de la mort...»

...qui tue!

— Qu'est ce qu'un prédateur?
— C'est quelqu'un qui prédit l'avenir, une sorte de devin...

Le petit chaperon rouge a aussi dû répondre cela!

«Un cercle est un ensemble de points placés en rond...»

Pas trop fatigué?

— Quelle est la date de la mort de Jésus-Christ?
— En 89 avant JC, m'sieur...

Doit-on vraiment ajouter quelque chose?

⟿

— Quel est le meilleur moment pour observer le soleil?
— La nuit, monsieur, pour ne pas être ébloui...

La nuit?

⟿

— Mais enfin, Julie! Vous êtes bête ou vous le faites exprès?
— Ah non, hein! J'vous assure, j'fais pas exprès...

L'histoire ne dit pas si Julie était blonde...

⟿

— On peut savoir pourquoi vous êtes en retard, jeune homme?
— Parce que ça a sonné avant que j'arrive!

Eh oui, c'est logique!

Le bêtisier des ressources humaines

S'il est des rapports tout aussi amusants à consulter que ceux des assureurs, il s'agit sans nul doute de ceux des bureaux des ressources humaines, ceux-là même où le personnel évalue vos compétences et vos qualités pour déterminer si vous êtes apte à être embauché. Parfois, il faut le reconnaître, la décision peut être difficile à prendre; après tout, jauger quelqu'un en quelques minutes n'est pas toujours une sinécure...

Voici quelques notes figurant à certains dossiers, et les remarques qu'elles ont suscitées chez moi...

A dit que s'il était embauché, il prouverait sa loyauté en se tatouant le logo de la compagnie sur le bras.

Il voulait sûrement travailler pour le Canadien de Montréal...

A interrompu l'entretien pour téléphoner à son thérapeute et lui demander conseil pour répondre à certaines questions.

Deux imbéciles valent mieux qu'un!

Ne voulait pas quitter son siège jusqu'à ce que je l'embauche. J'ai dû appeler la police.

Manifestant de sit-in *professionnel?*

Quand je lui ai demandé quels étaient ses hobbies, il s'est levé et a fait des claquettes autour du bureau.

On lui avait dit de travailler dans la bonne humeur...

A sorti un Polaroïd et m'a pris en photo. A dit qu'il collectionnait les photos de ceux qui l'interviewaient.

Il risque d'avoir une grosse collection!

Alors que j'étais au téléphone, le candidat a sorti un exemplaire de *Penthouse* et a regardé les photos seulement, s'attardant surtout au poster central.

Ne manquait que le clin d'œil à l'intervieweuse...

Le candidat dit qu'il ne voulait pas vraiment décrocher un job, mais que le bureau pour l'emploi avait besoin d'une preuve qu'il en cherchait un.

On ne peut pas lui reprocher de ne pas être franc...

Il m'a demandé, avant l'entretien, si je voulais de la cocaïne.

Allez, on va être chums...

Un candidat à moitié chauve s'est excusé et a disparu un instant. Il est revenu quelques minutes plus tard, portant une perruque.

Ah! Ce que le stress peut faire!

A annoncé qu'elle n'avait rien avalé à l'heure du dîner et a commencé à manger un hamburger et des frites dans mon bureau.

...et elle n'en a pas offert!

Le bêtisier de l'assurance

Ce n'est pas des assureurs qu'il s'agit ici, mais plutôt des assurés. À parcourir les explications qui accompagnent les demandes de réclamation, vous comprendrez rapidement... qu'il n'y a rien à comprendre, ou si peu! En fait, il faut avoir une bonne imagination, doublée d'un sens de l'humour aiguisé, pour deviner ce que l'assuré a vraiment voulu dire. Tout cela, sans commentaires.

«Vous me demandez si j'ai fait jouer l'assurance scolaire quand Pupuce a renversé la voisine, mais je vous rappelle que Pupuce n'est pas mon fils mais mon teckel.»

«J'ai signé le constat, mais ça compte pas, j'avais pas mes lunettes et j'ai rien vu de ce qui était dedans...»

«J'ai bien reçu la fiche de mon épouse, je ne manquerai pas de vous renvoyer cette dernière dûment remplie par mes soins.»

«En avançant, j'ai cassé le feu arrière de la voiture qui me précédait. J'ai donc reculé, mais en reculant j'ai cabossé le pare-chocs de la voiture qui me suivait. C'est alors que je suis sorti pour remplir les constats, mais en sortant j'ai renversé un cycliste avec ma portière. C'est tout ce que j'ai à déclarer aujourd'hui.»

«Il faut dire à ma décharge que le poteau que j'ai buté était caché par l'invisibilité du brouillard.»

«Je désire que ma voiture soit utilisable accidentellement par mes enfants majeurs considérés comme novices.»

« J'ai heurté une voiture en stationnement et me suis bien gardé de me faire connaître auprès de l'automobiliste. J'espère que vous serez content et que vous pouvez faire un petit geste en m'accordant un bonus supplémentaire. »

❦

« Si vous continuez à m'envoyer des lettres recommandées sous prétexte que je ne paie pas mes primes, je me verrai dans l'obligation de résilier tous mes contrats. »

❦

« Je vous demanderais de ne tenir aucun compte du constat amiable. Vous comprendrez en effet que je fus brusquement pris d'une émotion subite : arrière défoncé, présence de la police, choc psychologique, tout concourait à ce que je mette des croix au hasard. »

❦

« En qualité du plus mauvais client de votre agence (neuf accrochages en un an), je vous demande d'avoir le plaisir de résilier mon assurance auto avant la date d'échéance. »

❦

« J'ai été victime d'un accident du travail alors que je faisais la sieste sous un pommier. »

❦

« L'accident est survenu alors que je changeais de fille. »

❦

« Vous savez que mon taxi est transformé en corbillard et que je n'y transporte que des morts. Mes clients ne risquant plus rien, est-il bien nécessaire que vous me fassiez payer une prime pour le cas où ils seraient victimes d'un accident ? »

❦

«Vous me dites que d'après le Code civil, je suis responsable des bêtises de mes enfants. Si c'est vrai, les personnes qui ont écrit cela ne doivent pas avoir, comme moi, neuf enfants à surveiller.»

«Mon assureur m'avait téléphoné pour me dire qu'il m'envoyait un avenant. Le lendemain, j'ai reçu la visite d'un inspecteur de la compagnie, pas avenant du tout.»

«J'ai lu dans mon contrat auto que vous ne me remboursez pas les frais de réparation de ma voiture si j'ai causé un accident en état d'ivresse. Je suis prêt à payer ce qu'il faudra pour que vous supprimiez ce paragraphe.»

«J'ai heurté brutalement l'arrière de la voiture qui me précédait. Mais grâce à mon casque, ma blessure au poignet est sans gravité.»

«Chacun des conducteurs conduisait sa voiture.»

«Vous m'écrivez que le vol n'existe pas entre époux. On voit que vous ne connaissez pas ma femme.»

«Je suis étonné que vous me refusiez de payer cet accident sous prétexte que je ne portais pas mes lunettes comme indiqué sur mon permis. Je vous assure que ce n'est pas ma faute si j'ai renversé ce cycliste: je ne l'avais pas vu.»

«Ne pouvant plus travailler à la suite de mon accident, j'ai dû vendre mon commerce et devenir fonctionnaire.»

◦◦◦

«Je vous adresse, comme convenu, mon constat amiable. Pour être sûr de ne rien oublier, j'ai fait des croix dans toutes les cases.»

◦◦◦

«Nous avons bien rédigé le constat, mais pas à l'amiable du tout.»

◦◦◦

«C'est vrai que le camion allait très vite quand il a heurté la voiture de Monsieur X. Je suis prête à témoigner en faveur de ce monsieur, qui est justement le patron de mon mari. Vous voyez que je ne suis pas rancunière.»

◦◦◦

«Vous me dites que Mlle X réclame des dommages et intérêts sous prétexte qu'elle a été légèrement défigurée après l'accident. Sans être mauvaise langue, il faut bien avouer que même avant l'accident, cette malheureuse n'avait jamais éveillé la jalousie de ses concitoyennes.»

◦◦◦

«Malgré ma fracture au poignet, j'ai pris mon courage à deux mains.»

◦◦◦

«Si j'ai reconnu ma responsabilité sur le champ, c'est que ce monsieur doit mesurer dans les 2 mètres et peser 100 kilos. Je n'avais donc aucune chance de lui faire entendre raison malgré mon évidente supériorité intellectuelle.»

◦◦◦

«Depuis son accident, ma femme est encore pire qu'avant. J'espère que vous en tiendrez compte.»

«À votre avis, est-il préférable d'acheter un chien méchant qui risquera de mordre les gens mais protégera ma maison contre les voleurs, ou de garder mon vieux toutou? Je vous pose la question parce que, de toute façon, c'est vous qui paierez les pots cassés, soit en indemnisant les blessés, soit en remboursant les objets volés.»

«Un piéton m'a heurté et a roulé sous ma voiture.»

«L'homme prenait toute la rue. J'ai dû faire plusieurs crochets avant de le renverser.»

«En tentant de tuer un moustique, j'ai heurté un poteau téléphonique.»

Le bêtisier de l'hôpital

Jamais drôle d'être à l'hôpital, enfin... d'y être patient. Quant aux médecins, ils ne peuvent pas toujours s'empêcher de sourire lorsqu'ils feuillettent les dossiers où se trouvent les notes du personnel infirmier. Mais allons, soyons bons joueurs! Après tout, nous demandons à ce dernier de nous prodiguer des soins, pas de nous écrire des discours (heureusement d'ailleurs!).

Le bébé a été mis au monde, le cordon a été clampé, coupé, et tendu au pédiatre qui a respiré et crié immédiatement.

❦

La peau était moite et sèche...

❦

Le patient a eu des croissants au déjeuner et de l'anorexie au dîner.

❦

De vous à moi, nous devrions être capables de rendre cette femme enceinte.

❦

Le patient était en bonne santé, jusqu'à ce que l'avion tombe en panne de carburant et se crashe.

❦

Le patient stipule qu'il a une douleur brûlante dans son pénis qui va jusqu'à ses pieds.

❦

Le deuxième jour, le genou allait mieux et le troisième jour, il avait complètement disparu.

❦

Elle n'a eu aucun frisson ni aucun tremblement, mais son mari dit qu'elle était très chaude dans le lit la nuit passée.

❦

La patiente est triste et pleure constamment. Elle semble aussi être déprimée.

❦

Homme de 69 ans, décrépit apparaissant en bonne santé, mentalement alerte mais distrait.

Le patient a refusé une autopsie.

Le patient a expiré sur le sol sans prévenir.

Lorsqu'elle s'évanouit, ses yeux roulèrent dans la pièce.

L'hémorragie commença dans la zone de l'anus et se poursuivit sur le chemin de l'hôpital.

L'examen des parties génitales était négatif, sauf en ce qui concerne le pied gauche.

Le patient était alerte et dans le coma.

Le passé médical du patient a été remarquablement insignifiant avec en tout et pour tout une prise de poids de 20 kilos dans les trois derniers jours.

Le bêtisier de la pharmacie

Une fois chez le pharmacien, c'est souvent le patient lui-même qui est pris en défaut. Il n'a pas écouté ce que lui disait le médecin ou s'est lui-même fait son propre diagnostic. Maladie, malaise ou médicament, tout n'est pas toujours clair... et c'est pourquoi j'annote!

Le radiologue m'a dit que je souffrais d'une hernie fiscale.

...discale, peut-être? Sinon, rendez-vous au bureau de l'impôt!

❧

Donnez-moi une crème, je fais une égérie au soleil.

Allergie, on dit allergie!

❧

Pouvez-vous m'indiquer l'adresse d'un médecin apiculteur?

...il savait que c'était un «truc» avec des aiguilles!

❧

Je voudrais une bombe pour tuer les Acadiens.

Il y en a des millions dans mon divan!

❧

Vous avez quelque chose pour soigner ma faune intestinale?

Faune, flore... vous comprenez, quoi!

❧

De l'eau oxygénée en 20 volts, s'il vous plaît!

...en 20 volumes, ça serait trop long à lire?

Le bêtisier de l'aviation

Pendant les vérifications ou en cours de vol, les pilotes constatent régulièrement un certain nombre d'anomalies. Ils les signalent au service d'entretien sans prendre la peine de se montrer très explicites et en laissant aux agents d'entretien le soin de se débrouiller! Le service d'entretien résout le problème et le note sur le carnet d'entretien en laissant poindre son mécontentement ou son agacement, non sans une certaine ironie... Voici donc quelques spécimens de problèmes signalés et le compte-rendu d'interventions. Tout est vrai et certifié, seuls les noms des compagnies d'aviation ont été retranchés, pour ne pas ajouter l'insulte à l'injure!

Q: Le pneu principal intérieur gauche a quasiment besoin d'être changé.

R: Pneu principal intérieur gauche quasiment changé.

Q: Test en vol O.K., sauf l'atterrissage automatique très brutal.

R: Pas de système d'atterrissage automatique sur cet avion.

Q: Le pilote automatique ne marche pas.

R: Maintenant il marche.

Q: Y'a quelque chose de desserré dans le cockpit.

R: Y'a quelque chose de resserré dans le cockpit.

Q: IFF inopérant.

R: IFF toujours inopérant quand il est éteint.

Q: Volume de DME incroyablement bas.

R: Volume ramené à un niveau plus croyable.

Q: Punaises mortes sur le pare-brise.

R: Punaises vivantes commandées.

❧

Q: L'avion a un comportement marrant.

R: Avion averti de la nécessité de se retenir, de voler droit et de rester sérieux. Essais au sol O.K.

❧

Q: Le mode activé du pilote automatique provoque une descente de 200 pieds par minute.

R: Problème non reproductible au sol.

❧

Q: Moteur n° 3 manquant.

R: Moteur trouvé sur l'aile droite après une brève recherche.

❧

Q: Il y a un bruit provenant du moteur n° 2, comme si un type tapait avec un petit marteau.

R: Petit marteau confisqué au type du moteur n° 2.

❧

Q: Gémissement provenant du moteur n° 2.

R: Petit marteau rendu au type du moteur n° 2.

Le bêtisier des douaniers

Ses papiers, même s'ils étaient faux, étaient parfaitement en règle.

❧

Le bagage attendait avec un air louche...

L'homme n'ayant pas d'argent sur lui, nous l'avons sommé de nous régler immédiatement la totalité des sommes dues au titre des taxes diverses.

L'homme est mort avant de passer les contrôles douaniers, vraisemblablement pour ne pas avoir à nous présenter ses papiers.

Quand nous lui avons demandé de s'expliquer, l'homme a souri comme un coupable.

Le transport des animaux étant interdit en cabine, le chien avait été déguisé en petite fille...

Ses explications ne nous paraissant pas très claires, nous avons sommé l'homme de parler français sous peine d'amende.

La femme était accompagnée de deux enfants de nationalité noire.

Le sac que portait la femme ayant aboyé à plusieurs reprises, nous en avons conclu qu'il ne contenait pas que des vêtements, comme elle le prétendait.

L'ours en peluche suspect a bien été éventré par nos soins, d'où nous avons conclu qu'il ne contenait que du rembourrage légal.

꙰

L'équipe de manutention de l'aéroport nous signala à 21 h 15 qu'un des colis débarquant du vol Paris-Rome émettait un bruit semblable à celui d'un réveil mécanique. Vérification faite, il s'agissait en réalité de plusieurs réveils mécaniques.

꙰

Plus l'homme cherchait à nous donner des explications sur son geste, plus nous avons compris qu'il ne parlait pas la même langue que nous.

Le bêtisier de la cour

Une chance que tout est noté sur les procès-verbaux, car sinon il serait facile de croire que tout cela a été inventé! Pourtant, non, tout est véridique et a été retranscrit mot pour mot. Voici donc une sélection de questions posées à des témoins par des avocats durant des procès, et des réponses parfois fort à propos.

꙰

AVOCAT: Docteur, avant de faire votre autopsie, avez-vous vérifié le pouls?

TÉMOIN: Non.

AVOCAT: Avez-vous vérifié la pression sanguine?

TÉMOIN: Non.

AVOCAT: Avez-vous vérifié s'il respirait?

TÉMOIN: Non.

AVOCAT: Alors, il est possible que le patient ait été vivant quand vous avez commencé l'autopsie?

TÉMOIN: Non.

AVOCAT: Comment pouvez-vous en être certain, docteur?

TÉMOIN: Parce que son cerveau était sur mon bureau dans un bocal.

AVOCAT: Mais le patient ne pouvait-il quand même pas être encore en vie?

TÉMOIN: Maintenant que j'y pense, il est possible qu'il soit encore en vie, en train d'exercer le métier d'avocat quelque part.

AVOCAT: Étiez-vous présent quand votre photo a été prise?

AVOCAT: Qu'a donné le prélèvement de tissu vaginal?

TÉMOIN: Des traces de sperme.

AVOCAT: Du sperme masculin?

TÉMOIN: C'est le seul que je connaisse.

AVOCAT: C'est vous ou votre frère qui a été tué à la guerre?

AVOCAT: Avez-vous couché avec lui à New York?

TÉMOIN: Je refuse de répondre à cette question.

AVOCAT: Avez-vous couché avec lui à Chicago?

TÉMOIN: Je refuse de répondre à cette question.

AVOCAT: Avez-vous couché avec lui à Miami?

TÉMOIN: Non.

AVOCAT : Le fils cadet de 20 ans, quel âge a-t-il ?

～

AVOCAT : Ce matin du 25 juillet, vous vous êtes rendu, à pied, de votre ferme à l'étang aux canards ?

TÉMOIN : Oui.

AVOCAT : Donc, vous êtes passé à quelques mètres de l'enclos à canards ?

TÉMOIN : Oui.

AVOCAT : Avez-vous remarqué quelque chose de spécial ?

TÉMOIN : Oui.

AVOCAT : Bien, pouvez-vous dire à la cour ce que vous avez vu ?

TÉMOIN : J'ai vu Georges.

AVOCAT : Vous avez vu Georges, l'accusé dans ce procès ?

TÉMOIN : Oui.

AVOCAT : Pouvez-vous dire à la cour ce que Georges faisait ?

TÉMOIN : Oui.

AVOCAT : Bien, pouvez-vous le dire, s'il vous plaît ?

TÉMOIN : Il avait son truc dans un des canards.

AVOCAT : Son «truc» ?

TÉMOIN : Vous savez, sa b... Je veux dire, son pénis.

AVOCAT : Vous êtes passé près de l'enclos à canards, la lumière était bonne, vous étiez sobre, vous avez une bonne vue, et vous avez clairement vu ce que vous nous avez expliqué ?

TÉMOIN : Oui.

AVOCAT : Est-ce que vous lui avez dit quelque chose ?

TÉMOIN : Bien sûr!

AVOCAT : Que lui avez-vous dit ?

TÉMOIN : «Bonjour, Georges!»

AVOCAT : Est-ce qu'il vous a tué ?

AVOCAT : Quel est le jour de votre anniversaire ?

TÉMOIN : Le 15 juillet.

AVOCAT : Quelle année ?

TÉMOIN : Chaque année.

AVOCAT : À quelle distance l'un de l'autre étaient les deux véhicules au moment de la collision ?

AVOCAT : Cette maladie affecte-t-elle vraiment votre mémoire ?

TÉMOIN : Oui.

AVOCAT : Et de quelle manière cela affecte-t-il votre mémoire ?

TÉMOIN : J'ai oublié.

AVOCAT : Vous avez oublié... Pouvez-vous nous donner un exemple de ce que vous avez oublié ?

AVOCAT : Vous étiez là jusqu'à ce que vous partiez, est-ce exact ?

AVOCAT: Quelle fut la première chose que votre mari vous a dite quand il s'est réveillé ce matin-là?

TÉMOIN: Il a dit: «Où suis-je, Cathy?»

AVOCAT: Et pourquoi cela vous a-t-il mis en colère?

TÉMOIN: Mon nom est Susan.

AVOCAT: Maintenant, docteur, n'est-il pas vrai que quand une personne meurt durant son sommeil, elle ne s'en rend compte que le matin suivant?

AVOCAT: Et à quel endroit a eu lieu l'accident?

TÉMOIN: Approximativement au kilomètre 499.

AVOCAT: Et où se trouve le kilomètre 499?

TÉMOIN: Probablement entre les kilomètres 498 et 500.

AVOCAT: Combien de fois vous êtes-vous suicidé?

AVOCAT: Vous souvenez-vous à quelle heure vous avez examiné le corps?

TÉMOIN: L'autopsie a commencé vers 20 h 30.

AVOCAT: Et M. Dennington était mort à cette heure?

TÉMOIN: Non, il était assis sur la table à se demander pourquoi je lui faisais une autopsie!

AVOCAT: Docteur, combien d'autopsies avez-vous effectuées sur des morts?

TÉMOIN: Toutes mes autopsies ont été effectuées sur des morts.

Le bêtisier du tourisme

Quel voyageur, en visite dans un autre pays, n'a pas ri ou tout au moins souri en lisant certaines affiches dans les hôtels, restaurants ou autres lieux touristiques ? Certes, la langue française n'est pas facile – tous ceux qui l'ont apprise seront d'accord – et nous ne pouvons qu'apprécier les efforts de ceux qui essaient de la parler et de l'écrire. Mais peut-être, dans ce cas-ci, un bon traducteur aurait-il été apprécié... Ni la grammaire ni l'orthographe n'ont été changées, bien entendu.

Dans le lobby d'un hôtel de Bucarest :

« L'ascenseur sera en réparation le prochain jour. Pendant ce temps, nous regrettons que vous soyez insupportables. »

Dans l'ascenseur d'un hôtel de Belgrade :

« Pour déplacer la cabine, appuyé sur le bouton pour l'étage désirant. Si la cabine devait entrer plus de personnes, chacun devra appuyer un nombre d'étage désirant. La conduite est alors faite alphabétiquement par ordre national. »

Dans un hôtel de Yougoslavie :

« L'aplatissement des sous-vêtements avec plaisir est le travail de la femme de chambre. »

Dans le lobby d'un hôtel de Moscou, en face d'un monastère orthodoxe russe :

« Vous êtes les bienvenus à visiter le cimetière où des compositeurs, artistes et écrivains russes célèbres sont enterrés tous les jours, sauf le jeudi. »

Dans un hôtel japonais :

« Vous êtes invités à profiter de la femme de chambre. »

Sur le menu d'un restaurant suisse :

« Nos vins ne laissent rien à espérer. »

Chez un nettoyeur de Bangkok :

« Laissez tomber vos pantalons ici pour de meilleurs résultats. »

Dans un hôtel d'Athènes :

« Les visiteurs doivent se plaindre à la réception de 9 h à 11 h à chaque jour. »

Dans un livret d'information japonais, sur l'utilisation d'un air climatisé d'hôtel :

« Refroidit et réchauffe. Si vous voulez la condition juste de chaleur dans votre chambre, veuillez vous contrôler. »

Dans un hôtel de Tokyo:

«Est interdit de voler les serviettes de l'hôtel s'il vous plaît. Si vous n'êtes pas le genre de personne à faire une telle chose s'il vous plaît ne pas lire la notis.»

Dans un bulletin touristique russe:

«Il y aura une Exhibition d'Arts de Moscou par 150 000 peintres et sculpteurs de la République slave. Ceux-ci ont été exécutés au cours des deux dernières années.»

Dans un hôtel autrichien près des pentes de ski:

«Ne pas préambuler les corridors pendant les heures de repose en bottes d'ascension.»

Dans un hôtel de Zurich:

«À cause de l'inconvenance des invités de divertissement du sexe opposé dans les chambres, il est suggéré d'utiliser le lobby pour cette intention.»

Dans une buanderie de Rome:

«Mesdames, laissez vos vêtements ici et passez un après-midi excitant.»

Dans un bar de Tokyo:

«Cocktails spéciaux pour les femmes avec noix.»

Dans un aéroport de Copenhague :

« Nous prenons vos bagages et les envoyons dans toutes les directions. »

❦

Sur une affiche à bord d'un traversier, à San Juan :

« En cas d'urgence, les lifeguards sont sous les sièges dans le centre du vaisseau. »

❦

Dans un zoo de Budapest :

« S'il vous plaît ne pas nourrir les animaux. Donner les aliments au gardien de service. »

❦

Dans le bureau d'un médecin, à Rome :

« Spécialiste des femmes et autres maladies. »

❦

Dans un bar norvégien :

« On demande aux femmes de ne pas avoir d'enfants au bar. »

❦

Dans une brochure de location de voitures, àTokyo :

« Quand un passager de pied a en vue, flûtez le klaxon. Trompettez-le mélodieusement au début, mais s'il continue d'obstacler votre passage, alors flûtez-le avec vigueur. »

❦

Sur deux pancartes à l'entrée d'un magasin de Majorque :

– Français bien parlant.

– Ici discourons Américain.

❦

Sur un écriteau dans un grand magasin polonais :

« Pendant la réorganisation, le sous-sol se trouvera au premier étage. »

⁓

Dans le stationnement d'une entreprise de pompes funèbres :

« Stationnement gratuit réservé exclusivement aux clients habituels. »

Le bêtisier
de George « double-u » Bush

D'accord, ne nous acharnons pas sur lui, mais, tout de même, impossible de passer quelques-unes des phrases qu'il a prononcées dans diverses circonstances. Espérons que c'est simplement « la langue qui lui a fourché », comme disait ma mère. Sinon ce serait inquiétant...

⁓

« Nous sommes prêts pour tout événement imprévu qui peut ou ne peut pas se produire. »

⁓

« La vaste majorité de nos importations vient de l'extérieur du pays. »

⁓

« Si nous ne réussissons pas, nous courons le risque d'échouer. »

⁓

«Une faible participation est une indication que moins de gens sont allés voter.»

❧

«Ce n'est pas la pollution qui attaque l'environnement. Ce sont les impuretés dans notre air et notre eau qui en sont responsables.»

❧

«Je sais que l'être humain et le poisson peuvent coexister pacifiquement.»

❧

«Le futur sera meilleur demain.»

❧

«Je crois que nous sommes dans une tendance irréversible pour plus de liberté et de démocratie, mais ça pourrait changer.»

❧

«Pour la Nasa, l'espace est toujours une haute priorité.»

❧

«Je pense que nous sommes d'accord: le passé est terminé.»

❧

«J'ai posé de bons jugements dans le passé, j'ai posé de bons jugements dans le futur.»

❧

«Il faudrait abolir la peine de mort... mais je ne le ferai pas.»

❧

«Soit vous désarmez, soit c'est nous qui le ferons.»

❧

«Et donc, dans mon État de... mon État de l'Union... ou de l'État... – mon discours à la nation, appelez ça comme vous voulez, discours à la nation –, j'ai demandé aux Américains de donner 4000 ans... 4000 heures dans la prochaine... dans le reste de leur vie au service de l'Amérique.»

«Une dictature, ce serait quand même sacrément beaucoup plus simple, il n'y a pas à en douter.»

«Notre Nation doit se rassembler pour être réunie.»

«La foi est la bienvenue pour apporter une solution aux problèmes les plus graves de la nation.»

«Ce n'est pas le rôle du président de décider qui va au paradis. Je crois que c'est Dieu qui doit décider.»

«Quand j'étais jeune et irresponsable, j'étais vraiment jeune et irresponsable.»

Faits divers curieux et amusants

Nous vivons dans un monde de communication où plein d'informations nous sont communiquées quotidiennement. Mais, en raison même de cette avalanche, nombreuses sont celles qui nous échappent. Voici donc, sans fioritures ni blabla inutile, un florilège de petits faits curieux et amusants.

Soixante-cinq pour cent des sucreries produites chaque année sont consommées par des personnes de 18 ans et plus.

❧

Huit cent cinquante arachides sont nécessaires pour la préparation d'un pot de beurre d'arachide de 475 ml.

❧

Un sac d'un kilogramme de sucre contient environ 5 millions de grains de sucre!

❧

Après le chocolat et la vanille, l'orange est considérée comme la saveur préférée de la majorité de la population.

❧

Bien que du vin blanc puisse être produit à partir des raisins rouges et blancs, le vin rouge ne peut être fait qu'à partir de raisins rouges.

❧

Les Américains ont consommé plus de vingt milliards de hot dogs en 2000.

❧

Les Nord-Américains consomment approximativement 10 kilos de pâtes par personne par année.

❧

Un Canadien moyen consomme l'équivalent de 100 litres de lait par année.

❧

Un Australien mange approximativement 15 kilos de bananes par année, ce qui équivaut à une banane de 27 mètres!

❧

Trois pots de beurre d'arachide sont vendus chaque seconde en Amérique du Nord.

∽

Approximativement huit litres d'eau sont utilisés pour se brosser les dents chaque matin!

∽

Le poivre noir est l'épice la plus populaire au monde.

∽

Les bleuets renferment plus d'antioxydants que tous les autres fruits ou légumes.

∽

Le bourbon a été créé en 1789 par un ministre du culte baptiste dans le comté de Bourbon, au Kentucky, d'où son nom.

∽

Les Britanniques mangent plus de 22 000 tonnes de pommes de terre frites par semaine.

∽

Le nom de la bière Budweiser provient du nom d'une ville tchèque, où elle était brassée originalement.

∽

Les ailes de poulet Buffalo tiennent leur nom de la ville de Buffalo, dans l'État de New York, où elles ont été servies la première fois.

∽

Le Canada a plus de restaurants de beignes *per capita* que les États-Unis.

∽

Les Canadiens mangent plus de Kraft Dinner *per capita* que n'importe quelle autre population du monde.

L'huile de canola est en réalité une huile de graines de colza, dont le nom a toutefois été modifié au Canada pour des raisons de marketing.

La poudre de piment a été inventée au XIXe siècle dans le Sud-Ouest américain.

En raison de la pénurie de sucre pour confectionner les sucreries pendant la Deuxième Guerre mondiale, les propriétaires de cinéma se sont tournés vers le maïs soufflé, devenu aujourd'hui le produit le plus populaire dans les salles de cinéma.

Tous les ans, près de 200 milliards de kilos de nourriture sont gaspillés aux États-Unis.

Les Américains dépensent en moyenne près de 25 milliards de dollars pour acheter de la bière.

Heinz s'est lancé dans la fabrication du ketchup en 1876 et, depuis, la recette est demeurée la même.

Si tout le sel était extrait des océans, il y en aurait suffisamment pour recouvrir les cinq continents d'une couche de deux mètres.

En 1942, la compagnie Jello a lancé un Jello au cola ; la saveur a été retirée un an plus tard.

❧

Un adolescent nord-américain mange en moyenne 46 tranches de pizza par année.

❧

En Grande-Bretagne, il y a approximativement 50 000 pubs portant 17 000 noms différents.

❧

Au total, les Américains mangent tous les ans plus de 45 milliards de sandwichs.

❧

Les toats Melba, ces petits pains grillés servis en apéritif, ont ainsi été nommés en l'honneur de la chanteuse d'opéra australienne Nellie Melba.

❧

Quatre-vingt-dix-neuf pour cent des citrouilles vendues en Amérique du Nord le sont à l'occasion de l'Halloween.

❧

Un épi de maïs compte en moyenne 16 rangées et approximativement 800 grains.

❧

La brasserie Guinness vend sept millions de verres de bière par jour.

❧

Une acre de blé peut produire suffisamment de pain pour nourrir une famille de quatre personnes pendant environ dix ans.

Animaux et insectes

Un chat adulte peut courir environ 20 kilomètres par heure, mais il est aujourd'hui trop souvent paresseux pour le faire!

❦

Une grenouille ne boit pas d'eau; son corps l'absorbe.

❦

La langue d'un caméléon est deux fois plus longue que son corps.

❦

Un chimpanzé peut apprendre à se reconnaître dans un miroir, ce que les autres singes n'arrivent pas à faire.

❦

Un pingouin peut courir aussi rapidement qu'un homme.

❦

Différentes espèces de fourmis que l'on trouve dans le désert transportent le corps de leurs congénères morts jusqu'à leur «cimetière».

❦

Un rat peut survivre sans eau plus longtemps qu'un chameau.

❦

Un pic-bois peut picoter vingt fois par seconde.

❦

Une araignée commune peut parcourir 300 fois sa propre longueur en dix secondes.

❦

La (papillon) monarque peut parcourir près de 1000 kilomètres sans s'arrêter pour se nourrir.

⬥

L'hippopotame donne naissance et nourrit ses petits sous l'eau ; ceux-ci doivent toutefois en sortir périodiquement pour respirer.

⬥

Une vache donne presque 200 000 verres de lait au cours de sa vie.

⬥

Le plus grand mammifère du monde est la baleine bleue ; elle pèse 50 tonnes à la naissance et atteindra éventuellement 150 tonnes.

⬥

Les serpents dorment les yeux ouverts.

⬥

Les dauphins dorment avec un œil ouvert !

⬥

Le lévrier anglais est le chien le plus rapide du monde : il peut atteindre 55 kilomètres à l'heure.

⬥

Le chat utilise ses moustaches pour déterminer si un espace est suffisamment grand pour qu'il puisse passer.

⬥

Le grizzly peut courir aussi rapidement qu'un cheval de taille moyenne !

⬥

La méduse est composée de 95 % d'eau !

⬥

À la naissance, le panda est plus petit qu'une souris et pèse environ quatre onces.

Tout comme les humains, les chiens et les chats peuvent être droitiers ou gauchers.

L'œil d'une autruche est plus grand que son cerveau.

La fourmi peut soulever 50 fois son propre poids.

La puce peut sauter une distance de 350 fois sa longueur, ce qui équivaudrait, pour l'être humain, à sauter la longueur d'un champ de football.

Les autruches vivent environ 75 ans et peuvent se reproduire pendant plus de 50 ans.

Les fourmis ne dorment pas.

La plus grande perle jamais trouvée dans une huître était de 620 carats.

Les seuls deux animaux qui peuvent voir derrière eux sans se tourner sont le lapin et le perroquet.

Les escargots produisent une glu incolore, qui forme sous eux un tapis protecteur pendant qu'ils se déplacent. Cette glu est si collante qu'ils peuvent ramper sur le fil d'une lame de rasoir sans se blesser.

Chiffres et statistiques

Les Américains dépensent approximativement plus d'un milliard de dollars en chocolats et autres sucreries le jour de la Saint-Valentin.

Soixante-dix pour cent des gens dans le monde vivant sous le seuil de la pauvreté sont des femmes.

Les États-Unis produisent à eux seuls plus de 20 % des ordures dans le monde.

Soixante-quinze pour cent de tous les raisins secs mangés en Amérique du Nord le sont au petit-déjeuner.

Les enfants nord-américains regardent en moyenne approximativement 28 heures de télévision par semaine.

Approximativement 100 000 personnes se marient à Las Vegas chaque année.

Au Canada, une femme sur 55 accouche dans une voiture, sur le chemin l'hôpital ou de la clinique.

Quatre-vingt-seize pour cent des bougies sont achetées par des femmes.

Selon une étude réalisée par le plus grand assureur d'Amérique du Nord, la plupart des accidents se produisent entre 15 h et 18 h, le vendredi.

Les enfants rient environ 400 fois par jour, tandis que les adultes ne rient en moyenne que 15 fois par jour.

Chaque année, plus de 40 000 enfants périssent dans des incendies en Amérique du Nord.

La Terre se déplace autour du Soleil à la vitesse vertigineuse de 107 000 kilomètres à l'heure.

Le plus jeune pape était âgé de 11 ans au début de son pontificat.

Les plus jeunes parents au monde avaient 8 et 9 ans, et vivaient en Chine en 1910.

Pourcentage du continent africain encore sauvage : 28 %. Pourcentage du continent nord-américain encore sauvage : 38 %. Étonnant, non ?

En 18 mois, un couple de rats peut donner naissance à 1 million de descendants.

Plus de 50 % de la population mondiale n'a jamais donné ni reçu un appel téléphonique.

Pourcentage des sites Web en langue anglaise: 75 %. Pourcentage de la population mondiale dont l'anglais est la langue maternelle: 5 %.

⌒∾

Si chaque être humain vivait comme un Occidental, il faudrait multiplier par cinq les ressources de la Terre pour satisfaire tout le monde.

⌒∾

Pourcentage de membres du gouvernement taïwanais à avoir un doctorat d'une université américaine: 43 %; pourcentage de membres du gouvernement américain à avoir un doctorat d'une université américaine: 0 %.

⌒∾

Le vocabulaire de base d'un adulte moyen contient 1 500 mots; celui de l'adulte cultivé, 3 000, et celui de l'érudit, 5 000.

⌒∾

Toutes les trois secondes, un nouveau bébé naît.

⌒∾

Chaque année, environ 2 500 gauchers meurent en utilisant des objets ou des machines conçues pour les droitiers.

⌒∾

En 2002, 69 % des roses offertes à l'occasion de la Saint-Valentin étaient rouges.

⌒∾

En Amérique du Nord, approximativement 20 % des enfants âgés de 2 à 7 ans ont un téléviseur dans leur chambre.

⌒∾

Tout au long de notre vie, nous passons au total quatre ans à voyager en voiture et six mois à attendre au feu rouge!

❧

En Angleterre, un tiers des décès accidentels se produisent à la maison.

❧

En Amérique du Nord, il y a plus de risques d'être tué par une piqûre d'abeille que par une attaque de requin.

❧

Quatre fois plus d'hommes que de femmes sont frappés par la foudre.

❧

Plus de 90 % des victimes d'attaques de requin survivent.

❧

Les accidents sont la cause du décès de 7 % des Canadiens.

❧

Un Nord-Américain sur 350 000 sera électrocuté dans sa vie.

❧

Vingt-sept pour cent des femmes qui gagnent à la loterie dissimulent leur billet gagnant dans leur soutien-gorge!

❧

Trente et un pour cent des employés ne s'accordent pas de période de lunch le midi.

❧

Quarante-cinq pour cent des Nord-Américains ignorent que le soleil est une étoile.

❧

Cinquante-trois pour cent des femmes en Amérique du Nord penseront à rompre si leur petit ami ne leur offre aucun présent à la Saint-Valentin.

❧

Soixante-six pour cent des gens qui travaillent à domicile sont des femmes.

❧

Treize pour cent de la population mondiale vit dans le désert.

❧

Les femmes sont quatre fois plus susceptibles que les hommes de souffrir de maux de pieds.

❧

Les chances de donner naissance à des quadruplés sont de 1 sur 729 000.

❧

Le nombre moyen d'invités à un mariage en Amérique du Nord est de 189.

❧

Le plus grand nombre d'appels à frais virés est fait le jour de la fête des Pères !

❧

Un divorce est prononcé toutes les 13 secondes.

❧

Un Nord-Américain sur cinq déménage tous les ans.

❧

Une femme sur 200 est daltonienne.

❧

Seulement 4 % des bébés naissent à la date prévue par le médecin.

Cinquante pour cent des gagnants de lots importants à la loterie conservent leur travail.

Corps et esprit

Le cœur bat environ 70 fois par minute, donc 100 000 fois par jour et, chaque fois, il pompe une tasse de sang.

L'être humain produit en moyenne une tasse de salive par jour.

Il y a 206 os dans le squelette humain, dont environ la moitié sont situés dans les mains et les pieds.

Chaque minute, 300 millions de cellules meurent et sont aussitôt remplacées par de nouvelles.

Si on vous retirait votre peau, vous pèseriez environ neuf kilos en moins.

Il est impossible à l'homme de lécher son coude.

Si vous hurliez pendant huit années, sept mois et six jours, vous auriez produit assez d'énergie pour chauffer une tasse de café.

∽

Durant sa vie, l'être humain cligne des yeux 330 millions de fois!

∽

Le cœur humain crée assez de pression pour projeter le sang à 10 mètres de distance.

∽

Le muscle le plus fort du corps humain est la langue.

∽

Il est impossible d'éternuer les yeux ouverts.

∽

Les droitiers vivent en moyenne neuf ans de plus que les gauchers.

∽

À quatre semaines, un embryon humain est plus petit qu'un grain de riz.

∽

Un baiser d'une minute peut permettre de brûler jusqu'à 26 calories!

∽

Un éternuement peut voyager aussi rapidement que 160 centimètres à l'heure.

∽

Ce n'est qu'à partir de l'âge de sept ou huit semaines que les bébés produisent des larmes.

∽

Durant sa vie, l'organisme produit 563 kilomètres de cheveux, ou une moyenne de 11 kilomètres par année!

De 12 % à 15 % de la population est gauchère.

Les reins contiennent environ un million de fins tubes, lesquels représentent une longueur approximative de 65 kilomètres.

Les muscles oculaires bougent environ 10 000 fois par jour.

Si vous ne vous coupiez jamais les ongles des doigts, à votre 83e anniversaire, ils auraient quatre mètres de longueur!

Les nerfs olfactifs sont les seuls nerfs du corps humain à se régénérer par eux-mêmes.

À l'âge de 75 ans, une personne normale a dormi 220 000 heures, ou 25 ans de sa vie.

Le cerveau humain produit suffisamment d'électricité pour faire fonctionner un train miniature!

Divertissement

Près de trois milliards d'entrées sont recensées chaque année dans les cinémas de l'Inde.

❧

Hollywood a été fondée en 1888 par Harvey et Daeida Wilcox, qui ont baptisé la ville du nom de leur résidence d'été, à Chicago.

❧

En 1960, il y avait 16 067 machines à sous au Nevada; en 1999, ce nombre a atteint 205 726.

❧

En 1982, un étudiant de Los Angeles a réussi à solutionner le cube du Rubik en 22,95 secondes.

❧

Dans certaines régions de Grèce, le climat est si chaud que plusieurs cinémas n'ont pas de toit.

❧

En Amérique du Nord, on compte approximativement 618 montagnes russes.

❧

C'est un mécanicien d'avion qui a inventé le Slinky; il en a eu l'idée lorsqu'il travaillait sur des pièces de moteur.

❧

Chaque seconde, deux poupées Barbie sont vendues dans le monde.

❧

Les Jeux olympiques de Paris de 1900 comportaient des épreuves d'échecs, de billard et de... pêche!

Le roi de cœur est le seul roi sans moustache dans le jeu de cartes.

Il y a 44 millions de possibilités pour compléter un «bingo» sur une carte de 19 chiffres.

Il existe à Tokyo, au Japon, une salle de quilles qui ne compte pas moins de 504 allées.

Les dés à jouer utilisés dans la Rome antique comptaient 14 faces.

L'observation des oiseaux aux États-Unis est un passe-temps qui génère un chiffre d'affaires de plus de un milliard de dollars.

La première bicyclette, conçue en 1817 par baron von Drais, n'avait pas de pédales; les gens s'autopropulsaient avec leurs pieds!

Le bowling a été inventé en Allemagne au... Moyen Âge.

Lieux et attractions touristiques

Le palais de Buckingham compte plus de 600 pièces.

◦◦◦

Le cimetière du Père-Lachaise, ouvert en 1805 à Paris et où plus d'un million de personnes sont enterrées, est le cimetière le plus visité du monde.

◦◦◦

De 1939 à 1942, il y avait un bureau de poste sous-marin aux Bahamas.

◦◦◦

Ho-Ho-Kus, une petite ville du New-Jersey, est la seule ville des États-Unis qui a deux tirets dans son nom.

◦◦◦

Le premier motel a été construit à San Luis Obispo, en Californie, dans les années 1920, quand on a donné à l'auberge un nom issu de la fusion de deux mots, «moteur» et «hôtel». En passant, il existe toujours.

◦◦◦

En 1785, la ville de Paris a retiré des os des cimetières pour y permettre de nouveaux enterrements; elle a pris ces os et les a empilés dans des tunnels connus sous le nom de catacombes et que l'on peut aujourd'hui visiter!

◦◦◦

À Las Vegas, il n'y a aucune horloge dans les casinos.

◦◦◦

Levan, une petite ville de l'Utah, tient son nom du mot «nombril» (*navel*, en anglais). La ville a ainsi été nommée parce qu'elle se trouve au centre de l'État!

La ville de Boulder est le seul endroit au Nevada où le jeu est illégal. Cela est dû au fait que le gouvernement ne voulait pas que les ouvriers qui participaient à l'érection du barrage Hoover ne dilapident leur argent.

Une des rues principales les plus en pente au Canada se trouve à Saint John, au Nouveau-Brunswick : sur une distance d'à peine deux pâtés de maisons, la dénivellation atteint 25 mètres.

Le premier hôtel de glace a été construit en Laponie suédoise.

Les lettres «Hollywood», sur les collines de la ville du même nom, ont été installées en 1923; à l'époque, cependant, on y lisait «Hollywoodland».

Les noms des deux lions de pierre devant la bibliothèque publique de New York sont Patience et Fortitude. Ils ont ainsi été nommés par Fiorello LaGuardia, alors maire de la ville.

La tour Sears, à Chicago, contient suffisamment d'acier pour construire 50 000 automobiles.

Lorsque soufflent des vents de 65 kilomètres à l'heure, la statue de la Liberté oscille de huit cm, et la torche, de 13 centimètres.

∽

Dans le monde, c'est à Halifax, en Nouvelle-Écosse, que l'on retrouve le plus grand nombre de bars *per capita*.

∽

La prison d'Accoma, en Virginie, a été construite en 1731, en échange de 12,5 tonnes de tabac; le bâtiment existe toujours, quoi que ce soit maintenant une bibliothèque publique.

∽

L'hôtel de ville de Pevensy, en Angleterre, est non seulement le plus petit de tout le pays, mais il sert aussi de cour de justice et de prison!

∽

La Grande Muraille de Chine mesure près de 6 000 kilomètres.

∽

La plus grande école du monde se trouve à Montessori, en Inde; plus de 25 000 étudiants, allant de la maternelle à l'université, la fréquentent.

∽

La bibliothèque du Congrès, à Washington, aux États-Unis, est la plus grande du monde.

∽

Le centre commercial Mall of America, situé à Bloomington, au Minnesota, est si grand qu'il pourrait contenir 24 366 autobus scolaires!

∽

La destination de vacances préférée des Américains en 1956 était les chutes du Niagara.

Il faut 72 minutes au restaurant surplombant la tour du CN, à Toronto, pour effectuer une rotation complète de 360°.

Il a fallu approximativement 2,5 millions de blocs de pierre pour construire la Grande Pyramide, en Égypte.

Lois et règlements

Il y a des lois et des règlements qui, s'ils sont souvent oubliés, sont néanmoins toujours en vigueur. Il est pourtant difficile d'imaginer qu'ils puissent être appliqués! Voici quelques exemples.

Il est illégal pour toute personne de sexe masculin, à l'intérieur des limites de la ville, de faire un clin d'œil à toute personne de sexe féminin qu'elle ne connaît pas.

Ottumwa, Iowa

Il est interdit de donner le bain à deux bébés dans le même bain au même moment.

Los Angeles, Californie

Il est illégal pour quiconque de donner un cigare allumé aux chiens, chats ou tout autre animal domestique ou de garde.

Zion, Illinois

Il est interdit pour un homme de sortir en portant un veston et des pantalons qui ne sont pas coordonnés.

Carmel, New York

Il est illégal de s'asseoir au coin d'une rue de la ville et de boire de la bière à même un seau (*sic*).

Saint Louis, Missouri

Il est interdit de traverser la rue en marchant sur les mains.

Hartford, Connecticut

Il est défendu de lancer une balle de foin du deuxième étage d'un édifice à l'intérieur des limites de la ville.

Baltimore, Maryland

Il est illégal d'emmener un lion au cinéma.

Baltimore, Maryland

Il est illégal pour les femmes de porter des pantalons.

Tucson, Arizona, Maryland

Il est illégal pour une femme de se déshabiller en se tenant devant la photo d'un homme.

Oxford, Ohio

Un homme peut légalement frapper sa femme avec une ceinture de cuir, à condition que la ceinture ait moins de deux pouces de large, ou qu'il ait l'autorisation de sa femme d'en utiliser une plus large.

Los Angeles, Californie

Les personnes malades, laides, handicapées ou déformées au point d'être repoussantes n'ont pas le droit de sortir en ville.

Chicago, Illinois

Il est défendu pour une femme de sortir en public sans s'être préalablement rasée, incluant les jambes et le visage.

Carrizozo, Nouveau-Mexique

Il est illégal pour 16 femmes ou plus de vivre ensemble dans la même maison, car cette situation est alors considérée comme une maison de prostitution.

État de Pennsylvanie

Il est illégal de nettoyer sa voiture avec des sous-vêtements usagés.

San Francisco, Californie

Tout conducteur de véhicule motorisé conduisant sur une route de campagne la nuit doit s'arrêter à chaque mille, envoyer une fusée éclairante et attendre 10 minutes pour que la route soit libre de tout animal de ferme avant de continuer.

État de Pennsylvanie

Il est interdit à une femme de couper ses cheveux sans avoir la permission préalable de son mari.

État du Michigan

Il est illégal de porter une fausse moustache qui puisse provoquer les rires à l'église.

État de l'Alabama

Mettre du sel sur une voie ferrée peut être passible de la peine de mort.

État de l'Alabama

Un homme a le droit de frapper sa femme... une fois par mois.

État de l'Arkansas

Personnalités

Benjamin Franklin a créé la première bibliothèque où l'on prêtait des livres.

Adolf Hitler voulait devenir architecte, mais il a échoué à l'examen d'entrée à l'école d'architecture de Vienne. Il s'est alors tourné vers la politique.

Le cerveau d'Albert Einstein lui a été retiré par un pathologiste à sa mort et est, depuis, conservé dans un laboratoire. Le corps a ensuite été incinéré et ses cendres ont été dispersées dans l'Hudson.

Alexander Graham Bell, l'inventeur du téléphone, n'a jamais téléphoné à son épouse ni à sa mère, puisqu'elles étaient toutes deux sourdes.

Alexandre Gustave Eiffel, le concepteur de la tour d'Eiffel, a également conçu la structure intérieure de la statue de la Liberté, dans le port de New York.

Le nom de la mère de l'astronaute Buzz Aldrine, le deuxième homme à marcher sur la lune en 1969, est... Moon!

Dès l'âge de quatre ans, Mozart pouvait apprendre un morceau de musique en moins d'une demi-heure.

Le chef Boyardee a vraiment existé; il est né dans le Nord de l'Italie en 1898, mais son nom s'écrivait «Boiardi».

✦

Tout au long de sa vie, le peintre Vincent Van Gogh n'a vendu qu'une seule de ses toiles, *La vigne rouge*.

✦

Fidel Castro était un joueur de baseball étoile pour l'université de La Havane dans les années 1940.

✦

Ronald Reagan a non seulement été le président le plus âgé à être élu – il avait 69 ans –, mais, décédé à l'âge de 93 ans, il a aussi été le président à vivre le plus longtemps.

✦

En octobre 1973, le chocolatier suédois Roland Ohisson, de Falkenberg, a été enterré dans un cercueil fait entièrement de chocolat!

✦

James Buchanan fut le seul président célibataire des États-Unis.

✦

Ringo Starr est apparu dans une publicité japonaise pour de la compote de pommes. Ironiquement, en japonais, son nom signifie «compote de pommes».

✦

Les nom et prénom de l'artiste Michel-Ange étaient: Di Lionardo di Buonarroto Simoni de Michaelangelo di Lodovico.

✦

Les premiers cheerleaders aux États-Unis étaient des hommes !

Le fabricant de crayons de couleur Emerson Moser s'est retiré après avoir produit 1,4 milliard de crayons pour Crayola. Ce n'est qu'à ce moment qu'il a avoué être daltonien !

Thomas Edison, l'inventeur de l'électricité, avait peur dans l'obscurité.

C'est l'Américain Weatherman Willard Scott qui fut le premier à personnifier le clown Ronald McDonald.

Le peintre Rubens a été nommé chevalier par le roi Charles I d'Angleterre, car ce dernier ne pouvait lui payer les 15 000 dollars qu'il lui devait pour une peinture.

Charles Schultz, le créateur de Peanut, a déjà obtenu une note de C+ dans un cours de dessin lorsqu'il avait 19 ans !

Albert Einstein n'a jamais été capable de se rappeler son numéro de téléphone !

Le cinéaste italien Franco Zeffirelli téléphonait tous les jours à ses animaux de compagnie lorsqu'il était en déplacement.

L'acteur Johnny Weissmuller, qui incarnait Tarzan au cinéma, avait un contrat qui stipulait qu'il ne devait pas peser plus de 190 livres (95 kilos) ; pour chaque livre supplémentaire, il devait verser une amende allant de 5 000 à 50 000 dollars par jour !

L'acteur Roy Rogers, spécialisé dans les films western, a déjà reçu 78 852 lettres de fans en un seul mois !

Fidel Castro a déjà tenu un caméo dans un film hollywoodien ; il s'agissait de *Bathing Beauty,* mettant en vedette Esther Williams.

Thomas Edison a fait sa demande en mariage à sa fiancée en tapant cette demande en morse dans la paume de sa main !

Les jours de pluie, le roi de France Henri IV faisait installer des arbres, des roches et de la pelouse dans un corridor du Louvre, pour se livrer à la chasse aux renards !

La reine Elizabeth I d'Angleterre fut la première monarque à utiliser la fourchette pour manger.

L'auteur Edgar Allan Poe fut cadet à l'Académie militaire de West Point.

Benjamin Franklin a composé sa propre épitaphe quand il avait 22 ans.

Vie quotidienne

Les Américains n'ont réellement commencé à utiliser la fourchette qu'après la guerre civile. Jusque-là, ils se servaient de cuillères, de couteaux et de leurs doigts !

Chaque Nord-Américain utilise en moyenne 300 kilos de papier par année.

Une maison moyenne génère plus de pollution qu'une voiture.

Un bureau recèle 400 fois plus de bactéries qu'une toilette.

Il y a 18 milliards de couches-culottes jetables qui finissent à la décharge tous les ans, et il leur faut environ 500 ans pour se décomposer.

Environ 60 % de l'eau employée par les ménages pendant l'été est utilisée pour l'arrosage des jardins et des plantes.

Les bébés qui portent des couches-culottes jetables sont cinq fois plus susceptibles de développer des éruptions cutanées que ceux qui portent des couches-culottes en coton.

Harley Proctor a eu l'idée du nom du savon «Ivory» pendant un sermon, en 1879.

❧

En 1902, le cintre était inventé par Albert Parkhouse, frustré par le manque de crochets disponibles pour accrocher son manteau au travail.

❧

Il en coûte environ trois cents pour produire une facture de un dollar en Amérique du Nord.

❧

C'est à une erreur de fabrication que le savon Ivory doit l'«invention» du pain de savon flottant: on y avait introduit trop d'oxygène. Mais il y eut tant de commentaires favorables de la part de clients que la formule fut conservée.

❧

Plus de 100 000 oiseaux et animaux de mer meurent chaque année en raison du déversement d'ordures en plastique dans l'eau.

❧

La durée de vie d'un billet de banque est de 18 mois.

❧

Un milliard de cartes de la Saint-Valentin sont envoyées chaque année en Amérique du Nord.

❧

Les recherches ont démontré que la pollution à l'intérieur des maisons et des édifices était 10 fois plus toxique que la pollution extérieure.

❧

Certaines pâtes dentifrices et certains désodorisants contiennent les mêmes produits chimiques que ceux renfermés dans les antigels.

Le stylo-bille a été présenté la première fois aux États-Unis, en octobre 1945, chez Gimbels, un grand magasin de New York ; 10 000 exemplaires ont été vendus le premier jour, à 12,50 dollars pièce.

Le premier four à micro-ondes commercial portait le nom de Radarange 1161 et il avait alors la taille d'un réfrigérateur !

La première paire de lunettes de soleil a été inventée par le concepteur James Ayscough, mais cet accessoire n'est devenu populaire que dans les années 1930.

Le lubrifiant WD-40 doit son nom aux 40 tentatives nécessaires à la mise au point de sa formule.

Lorsqu'on recycle une bouteille de verre, la quantité d'énergie ainsi sauvée suffit à faire fonctionner une ampoule de 100 watts pendant quatre heures.

Légendes urbaines:
vraies fausses
nouvelles

La légende urbaine a pris beaucoup d'importance sur Internet, mais ce genre de mythe, fonctionnant grâce au bon vieux principe du bouche-à-oreille, a toujours existé et, malgré sa popularité, Internet ne remplacera jamais, dans la propagation des légendes urbaines, ces lieux d'échanges que sont les cours de récréation, les bars, les cafétérias d'entreprises, etc. Ces anecdotes et ces rumeurs reflètent souvent les peurs inconscientes des hommes et des femmes d'aujourd'hui face aux changements dans leur environnement social, culturel ou technologique. À l'heure actuelle, par exemple, plusieurs associent Internet à la prostitution juvénile et aux actes terroristes, de même que dans les années 1980, on murmurait des histoires de micro-ondes cancérigènes. Mais ce n'était pas là quelque chose de nouveau. Déjà, dans les années 1960, par exemple, chaque quartier avait son magasin où les femmes disparaissaient dans les cabines d'essayage ou son restaurant chinois qui transformait les chiens errants du voisinage en côtes levées !

Aussi, ce que vous lirez dans les pages qui suivent est faux même si cela paraît souvent vrai, ce qui est d'ailleurs l'objectif de la légende urbaine.

Le chien et les doigts!

Une femme rentre chez elle et retrouve son chien, un doberman, en train de s'étouffer sur le pas de la porte. Soucieuse de son état, elle le conduit aussitôt chez le vétérinaire. Celui-ci, débordé, lui promet de s'en occuper un peu plus tard. Lorsqu'elle rentre chez elle, après être passée chez son coiffeur, le téléphone sonne au moment où elle franchit la porte. Elle décroche et, bien entendu, c'est le vétérinaire. D'une voix sèche, il lui suggère d'aller immédiatement chez son voisin et de le rappeler ensuite. Il ajoute du même souffle que la police est en route. La femme s'exécute avec inquiétude. Une fois chez le voisin, elle communique à nouveau avec le vétérinaire, qui lui précise qu'en examinant son animal, il a extrait trois doigts humains de sa gorge, ce qui lui a donné à penser que le chien s'est probablement battu avec un homme qui s'était introduit dans la maison et qui, peut-être, se trouve encore à l'intérieur. De fait, la police a surpris le voleur dans un placard, une main ensanglantée.

Les crocodiles new-yorkais

Saviez-vous que des crocodiles vivent dans les égouts de New York ? Ceux-ci auraient été ramenés de Floride par des vacanciers. Cependant, vite lassés, leurs propriétaires s'en seraient débarrassés en les jetant dans les toilettes. Naturellement, ils auraient abouti dans les égouts de la ville, où ils se seraient alors reproduits, et où, se nourrissant de rats et d'ordures, ils seraient en quelque sorte devenus, au fil des générations, des «mutants», aveugles et albinos. Parfois, dit-on, on en voit sortir des égouts.

La grenouille avalée vivante

Une grenouille de deux kilos a littéralement surgi de l'estomac d'une jeune femme alors que celle-ci subissait une intervention chirurgicale.Comment cela était-il possible? L'histoire commence quelques semaines auparavant, alors que la femme avait relevé le pari d'avaler un têtard qu'un ami avait ramené d'une excursion dans un marais. La suite, on la devine. Semaine après semaine, elle se sentait de plus en plus faible et entendait même parfois des bruits bizarres dans son estomac. Elle a fini par consulter un médecin, qui lui a fait passer une radiographie. Celle-ci a révélé une importante boule dans son estomac. Craignant une tumeur cancéreuse, le médecin a aussitôt pratiqué une opération pour extraire cette mystérieuse masse. Quelle ne fut pas sa stupeur quand il vit sauter l'énorme grenouille! L'histoire veut que le têtard ait grandi pendant quelques mois à l'intérieur du corps de la jeune femme, se nourissant de ce qu'elle ingurgitait...

Les fourmis tueuses

C'est l'été. Une mère s'absente un instant et laisse son fils, seul, sur la plage. Pendant qu'il dort, une fourmi s'introduit dans son oreille et y pond des œufs. De retour, la mère trouve son fils inanimé: les larves ont dévoré la moitié du cerveau de l'enfant!

Les alcoolos dégueulent

Des convoyeurs sont chargés de transporter un tonneau rempli de liquide. L'un d'eux, qui a le nez fin, jure que c'est de l'alcool. Ils décident de percer le tonneau, découvrent qu'il contient effectivement de l'alcool et, bien entendu, ils en boivent quelques verres avant d'effectuer leur livraison. À l'arrivée, ils remettent le fût à un professeur d'histoire naturelle, qui l'ouvre alors devant eux et en tire un grand singe mort, évidemment conservé dans de l'alcool.

Les fantômes font du stop

Il est deux heures du matin. Quatre jeunes gens, deux garçons et deux filles, rentrent en voiture d'une soirée. Sur le chemin du retour, ils prennent une vieille dame en stop. Elle s'assied entre les deux filles à l'arrière du véhicule. Tout va bien jusqu'à ce qu'ils quittent l'autoroute et que la vieille dame se mette à hurler: «Attention au virage!» Les filles se mettent alors à hurler à leur tour. Le conducteur freine brusquement et, lorsqu'il se retourne, il constate que la vieille dame s'est volatilisée et que, là où elle se tenait, il ne reste plus qu'une carte d'identité, dont la photo correspond à l'auto-stoppeuse. Inquiets, les jeunes s'empressent alors de raconter leur aventure à la police. Par la carte d'identité, ils apprennent que la femme est morte 15 ans plus tôt dans un accident de voiture aux alentours de l'endroit où ils l'avaient fait monter.

Les vérins de la tour Eiffel

Saviez-vous que l'on stabilise la tour Eiffel grâce à des vérins hydrauliques qui permettent de compenser les oscillations de la tour et qu'un seul homme est responsable de ce travail, qui se transmet de génération en génération?

«Papa, j'ai tué un voleur»

Un couple se rend chez des amis pour dîner. Ils laissent leur fils de huit ans à la maison en lui disant de n'ouvrir à personne, sous aucun prétexte. Deux heures plus tard, au milieu du repas, le téléphone sonne chez les amis. C'est le jeune garçon: «Papa, reviens vite, je viens de tuer un voleur!» Le père croit tout d'abord à une blague, mais rapidement, au vu des détails que lui donne son fils, il est troublé et décide de rentrer. Et, effectivement, à son arrivée, il trouve un corps étendu sur le sol. Quelle n'est pas sa stupéfaction, quand il le retourne, de constater que c'est celui du fils des amis chez qui ils sont allés dîner...

La grand-mère volée

Au retour de vacances avec sa famille, une grand-mère meurt d'une crise cardiaque. Pour éviter les problèmes administratifs, la famille décide de dissimuler la grand-mère dans le coffre de la voiture, le temps de retourner chez elle. En chemin, ils s'arrêtent à un restaurant pour casser la croûte. Leurs sandwichs vite avalés, ils retournent à leur véhicule et constatent... qu'il a disparu, avec la grand-mère!

Le cou de la dinde

C'est le réveillon de la nouvelle année. Il est deux heures du matin, et un homme et sa femme finissent de réveillonner. L'homme, qui a visiblement forcé sur la bouteille, s'effondre dans le salon. Sa femme, fatiguée, décide de le laisser par terre et va se coucher. Dans la nuit, les deux fils, qui sont partis festoyer en ville, reviennent et trouvent leur père étendu sur le sol. Voulant lui faire une blague, ils mettent le cou de la dinde du réveillon sur la partie la plus «sensible» de leur père et partent ensuite se coucher, contents de la bonne blague qu'ils viennent de faire. Le matin, la mère se réveille, se dirige vers le salon et voit son chat en train de lécher le cou de la dinde!

« J'ai tué mon fils »

Un Roumain part de son pays natal pour tenter sa chance aux États-Unis, laissant à sa mère et à sa sœur le soin de s'occuper du petit hôtel familial. Plusieurs années plus tard, après avoir fait fortune, il revient avec sa femme et ses enfants mais, voulant faire une surprise à sa mère et à sa sœur, il laisse sa famille dans un autre hôtel de la ville et se rend chez elles. Bien entendu, celles-ci ne le reconnaissent pas et ne s'intéressent à lui que pour son argent, tant et si bien d'ailleurs, que, la nuit venue, elles l'égorgent pour s'approprier ses affaires. Le lendemain matin, sa femme et ses enfants arrivent à leur tour et demandent aux deux femmes si elles ont été surprises. Stupéfaites, la mère et la fille se rendent compte que l'homme qu'elles ont tué la nuit précédente était dans un cas son fils et dans l'autre, son frère. Alors, elles deviennent folles et se suicident en s'ouvrant les veines.

C'est délicieux !

Un homme se rend chez des amis et leur apporte un repas, un superbe rôti qui s'avère d'ailleurs excellent jusqu'à ce qu'un morceau de coton soit trouvé dans la viande. C'est alors que l'invité avoue l'avoir trouvé sous l'un des lavabos des toilettes d'un hôpital. Dans l'après-midi, le petit groupe entend à la radio locale qu'un infirmier a perdu la tumeur qu'on venait d'extraire d'un patient...

Le soudeur aveugle

L'action se passe dans une usine. Un soudeur, pour bénéficier d'une meilleure visibilité, retire ses lunettes de protection. À cet instant, un arc électrique se produit. De retour chez lui, l'homme se rend à la salle de bain pour nettoyer ses lentilles cornéennes. En cherchant à les retirer, il réalise qu'il ne voit plus rien. L'arc électrique a fait sécher le liquide qui humidifiait les lentilles, si bien qu'elles ont collé aux cornées.

Le saut à l'élastique

Une classe d'étudiants en physique a décidé de tester une théorie sur la vitesse d'un corps jeté à partir d'une certaine hauteur. Les étudiants s'équipent et grimpent sur le toit d'un gratte-ciel, après avoir pris soin de noter le nombre d'étages et de multiplier celui-ci par la hauteur des pièces. Comme personne n'ose sauter le premier, ils décident de se donner la main et de s'élancer tous en même temps. Mais voilà qu'ils... percutent le sol! Ils ne s'étaient pas souvenus que les constructeurs de gratte-ciel, par superstition, ne numérotent jamais le treizième étage. L'élastique était trop long!

Attaques du réseau Internet

Les récentes attaques contre certains sites Internet des États-Unis ne sont pas le fait d'informaticiens fous. Au contraire, ces attaques feraient partie d'un vaste plan visant à déstabiliser les États-Unis, plan qui serait conçu par des islamistes radicaux de certains pays du Moyen-Orient.

Souriez, on ne sait jamais...

Il serait possible, selon certains ingénieurs, d'obtenir une photographie d'une personne au moyen de son écran d'ordinateur. Avec le bon logiciel, ThiefPicture, un inconnu pourrait pénétrer dans l'ordinateur d'une autre personne pour prendre une photographie de ce qui se trouve devant l'écran au moment de la prise de vue. Des bibliothèques de visages d'utilisateurs du réseau Internet seraient ainsi créées pour archivage et utilisation future par certains groupes organisés...

Microsoft contre Microsoft

Les récents déboires de Microsoft ne seraient pas causés par le gouvernement américain et les entreprises concurrentes de la compagnie de Bill Gates. Selon certaines sources, généralement bien informées, les problèmes de Microsoft viendraient plutôt de... Microsoft. La compagnie entretiendrait dans son sein les germes de son malheur, et de nombreux travailleurs de l'entreprise seraient ainsi des espions engagés par certains concurrents de la firme de Seattle. Il semblerait même qu'ils puissent parvenir à forcer le démantèlement de la compagnie d'ici la prochaine année.

L'attaque par des pirates de Yahoo!

Depuis quelques jours, c'est la folie autour de pirates de l'Internet qui auraient attaqué certains sites en les surchargeant de requêtes. Les télévisions du monde entier ont fait état de ces attaques sur Yahoo et certains autres sites. En l'espace de quelques jours, ces sites auraient reçu pour des centaines de millions de dollars de publicités gratuites. Un ancien ingénieur de Yahoo affirme que cette attaque a été simulée pour faire parler de l'entreprise.

Des dinosaures plus vrais que nature

Selon certains spécialistes de la génétique, l'histoire de *Jurassic Park* serait déjà une réalité, et il serait possible d'utiliser l'ADN des œufs fossilisés de dinosaures pour recréer un être complet. En fait, la chose se serait déjà produite et vous auriez déjà vu le résultat. Oui, vous avez bien lu : les fameux dinosaures de *Jurassic Park* n'étaient pas artificiels, et certaines prises de vue nous montraient de vrais dinosaures. Les spécialistes des effets spéciaux nous auraient caché cette astuce pour s'approprier tout le crédit des scènes du film. C'est en tout cas ce qu'a révélé Dan Wright, ancien technicien d'ILM, à un reporter du *San Antonio Chronicle.*

Des virus pour les humains !

Des recherches à Palo Alto, en Californie, tendent à démontrer que les fameux virus informatiques pourraient un jour contaminer les êtres humains. Selon une étude du Palo Alto Research Center, certains virus informatiques pourraient attaquer le silicium des composantes de microprocesseurs pour créer des mutations pathogènes sur des bactéries vivant en surface des microprocesseurs. Ces bactéries, vecteurs de virus sans danger, causeraient des modifications dans les virus et pourraient même les rendre dangereux pour l'être humain. Les recherches se poursuivent grâce à des fonds de l'armée américaine, qui cherche une arme qu'elle pourrait faire véhiculer par le réseau Internet.

Un président américain, membre du KKK

Une rumeur veut qu'un prochain président des États-Unis puisse être un membre du mouvement raciste Ku Klux

Klan. Ce groupe, qui prône la suprématie blanche en Amérique du Nord, travaillerait de façon souterraine pour faire élire un homme défendant ses idées. On dit qu'une fois au pouvoir, le nouveau président établirait un régime ségrégationniste semblable à celui qui prévalait en Afrique du Sud.

Les fleurs du mal

Un individu offrait régulièrement des fleurs à son amie, qu'il voulait convaincre de l'épouser. Le manège se déroula durant ainsi plusieurs mois. Cependant, petit à petit, son amie devint de plus en plus faible, tant et si bien qu'elle se rendit consulter son médecin, qui ne diagnostiqua rien de particulier. Il présuma qu'il s'agissait d'une fatigue extrême. Quelques semaines plus tard, elle fut cependant retrouvée morte dans sa chambre, et l'autopsie révéla qu'elle était morte empoisonnée par de l'arsenic qui provenait... des fleurs de son prétendant, qu'il cueillait dans un champ près d'une usine qui rejetait cette substance dans l'atmosphère.

Des organismes génétiquement modifiés

La récente polémique sur l'utilisation d'organismes génétiquement modifiés dans l'alimentation humaine n'est certainement pas terminée. Selon certaines sources du département de l'agriculture des États-Unis, les grandes entreprises travaillant sur ces produits génétiquement modifiés tenteraient de créer des substances qui pourraient modifier le corps humain. On chercherait ainsi à rendre celui-ci plus résistant aux maladies et aux cancers causés par la pollution industrielle. Les grandes entreprises chimiques des États-Unis financeraient ces recherches afin d'éviter d'avoir à payer des dédommagements extrêmement élevés aux personnes qui pourraient en être victimes.

Le cactus

Une femme achète un gros cactus et le rapporte chez elle. Le cactus croît normalement, jusqu'au jour où la femme remarque qu'il est animé de pulsations : sa peau se soulève et se rétracte, comme s'il avait un cœur. La femme, ne sachant que faire, décide d'appeler les policiers, qui se présentent à son domicile. Ils enferment le cactus dans un conteneur scellé et l'apportent dans leur laboratoire scientifique, où les spécialistes découvrent que les battements proviennent d'une horde de scorpions qui se sont réfugiés dans le cactus, où ils ont trouvé de quoi boire, manger et croître !

La robe d'occasion

Une femme achète une robe griffée dans un grand magasin. Après l'avoir portée une fois, elle a une grave réaction et passe à un cheveu de la mort. Bien entendu, elle la rapporte au magasin qui, après avoir écouté l'histoire de la femme, la fait analyser. Résultat ? La robe était imprégnée de formol. Quelqu'un l'avait probablement achetée pour une personne décédée, qui l'aurait portée pour son exposition au salon funéraire, avant de la retourner au magasin pour obtenir un remboursement.

La dame blanche

Qui ne connaît pas la légende de la dame blanche ? Tout a commencé il y a plus de 30 ans. Une jeune femme vient de se marier avec un jeune homme qui, un soir, ivre, n'hésite pas à prendre la route à une heure tardive. Le couple est victime d'un accident tragique : l'homme décède et la femme disparaît. Depuis, il semble que sur les routes, dans les virages, on revoit cette dame avec sa robe blanche – d'où son nom –, qui attend son mari. On ne vous souhaite pas de l'apercevoir, car la légende dit que ceux qui la voient meurent.

La baby-sitter

Un jour, une jeune fille qui économise pour l'université décide de jouer à la baby-sitter pour son voisin, un médecin. Une heure après être arrivée à la maison, elle reçoit un appel téléphonique : l'homme au bout du fil lui dit que si elle ne sort pas de la maison, il la tuera. Elle raccroche et regarde l'afficheur pour essayer de localiser l'appel, mais en vain : la personne qui téléphone utilise une ligne privée. Environ une demi-heure plus tard, elle reçoit un autre appel ; l'homme réitère la menace. Inquiète, la jeune fille appelle cette fois-ci l'opératrice, qui lui dit de chercher à rester en ligne avec son interlocuteur pendant quelques minutes, le temps qu'elle le retrace. De fait, au troisième appel, la jeune fille prolonge la conversation. Aussitôt la communication coupée, le téléphone sonne à nouveau. Cette fois, c'est l'opératrice qui l'avise de quitter rapidement la maison car les appels menaçants proviennent d'une autre pièce de la maison.

Vol d'organe

Deux amis en voyage dans un pays d'Amérique du Sud décident de sortir faire la fête par une belle soirée. L'un d'eux fait la connaissance d'une jolie femme dans un

bar et perd son copain de vue. La nuit semble bien s'annoncer, mais voilà qu'après quelques verres il perd connaissance et se réveille le lendemain matin dans une chambre
d'hôtel. L'esprit encore embrumé, il réalise vaguement qu'il
a été drogué. Il fouille ses poches, et y trouve son argent,
ses cartes de crédit et sa montre. Rien ne manque. En
cherchant à se lever, il ressent tout à coup une douleur
lancinante dans le bas du dos et, passant une main sur la
zone endolorie, il constate qu'il a une importante cicatrice
récemment suturée. Toujours un peu sonné, il quitte la
chambre, se rend à la réception du petit hôtel et demande
aux tenanciers ce qui s'est passé. Mais personne ne le
reconnaît et personne ne peut lui dire comment il est
arrivé là. Alors, il se rend immédiatement à l'urgence de
l'hôpital le plus près, où l'on constate, après un examen,
qu'un de ses reins lui a été retiré...

Télécharger et déchanter!

Si vous téléchargez la nouvelle version de Microsoft
Internet Explorer, vous risquez d'avoir des surprises. Si
vous êtes un bon garçon ou une bonne fille et que votre
copie de Windows est enregistrée, vous n'aurez pas de problème. Cependant, si vous avez «oublié» d'acheter votre
nouvelle version de Windows (vous l'avez plutôt «essayée»
à partir du CD d'un ami), vous risquez de gros problèmes.
Microsoft vérifie si votre version de Windows est enregistrée. Si c'est une version piratée, il vous laisse charger votre
nouvelle version d'Internet Explorer, mais introduira des
virus qui rendront votre système très instable. Dans ces
conditions, vous comprendrez qu'il n'est pas question de
«satisfaction garantie ou argent remis»!

Dur à croquer

Cette histoire est une légende citadine. Mais est-ce vraiment une légende ? C'est l'histoire de deux amies qui font du *shopping*. Lorsqu'elles commencent à avoir faim, elles décident d'aller manger chez McDonald's. Elles commandent toutes les deux une grosse frite et un BigMac. En mangeant sa frite, une des deux filles y trouve un bout de doigt humain !

X-Files : et si c'était vrai ?

Il semble que Chris Carter, le créateur de la série culte *X-Files*, se soit servi d'un dossier secret, obtenu par un parent, pour créer sa fameuse série. Ce dossier donnait les détails du fonctionnement d'un département du FBI dont presque personne ne connaît l'existence. Ce département traiterait les cas «semblables» à ceux rencontrés dans la série. En fait, la série aurait été retirée des ondes à la suite de pressions faites sur le réseau Fox. On aurait reproché à cette série de commencer à ressembler un peu trop au fameux département du FBI... Le FBI a évidemment démenti toute cette histoire.

Gentil toutou !

Une jeune femme de La Mesa, en Californie, se rend à Tijuana, Mexico, pour faire un peu de *shopping*. Comme tous les visiteurs de cet endroit le savent, les rues près des magasins sont bondées de jeunes chiens affamés et mal en point. La jeune femme prend un de ces chiens en pitié et lui offre quelques morceaux de son déjeuner ; naturellement, le petit chien la suit jusqu'à la fin de la journée. Quand arrive le temps de retourner à la maison, la femme est si touchée par son «petit ami» qu'elle ne peut se résigner à le laisser derrière elle. Même si elle sait qu'il est illégal de ramener des animaux, elle l'installe derrière quelques paquets, sur le siège de l'auto, et traverse la frontière sans aucun incident. Arrivée à la maison, elle lui donne un bain, brosse son poil et se retire ensuite pour la nuit avec son nouveau compagnon blotti au pied de son lit. Quand elle se réveille le lendemain matin, elle s'aperçoit que son nouvel ami a du mucus autour des yeux et quelque chose comme de la mousse qui sort de sa gueule. Effrayée à l'idée que son chien soit malade, elle l'amène à toute vitesse chez le vétérinaire le plus proche de chez elle puis retourne à la maison attendant les nouvelles de la condition de son petit animal. Le téléphone sonne rapidement. Le vétérinaire dit: «J'ai seulement une question. Où avez-vous trouvé ce chien?» La femme, ne voulant pas s'attirer d'ennuis, répond qu'il errait près de chez elle à La Mesa. Mais le vétérinaire ne la croit pas. «Vous n'avez pas trouvé ce chien à La Mesa. Où l'avez vous trouvé?» insiste-t-il. La femme admet nerveusement avoir traversé la frontière avec le chien et qu'il venait de Tijuana. «Mais, docteur, dites-moi ce qui ne va pas avec mon chien», s'inquiète-t-elle. La réponse fuse, brève et directe. «Premièrement, ce n'est pas un chien, c'est un rat d'égout mexicain. Deuxièmement, il est mort.»

Sommaire

Introduction.. 9

Actualité insolite 13

Anecdotes musicales 95

Les bêtisiers.. 103

Faits divers curieux et amusants................... 133

Légendes urbaines : vraies fausses nouvelles 167